MOTHER HUNGER

童年母愛缺欠

長大後的妳，如何療癒對愛的匱乏，健全心中缺損的母親角色

HOW ADULT DAUGHTERS CAN UNDERSTAND AND HEAL FROM LOST NURTURANCE, PROTECTION, AND GUIDANCE

凱莉·麥克丹尼爾 Kelly McDaniel 著　非語 譯

各界讚譽

「一本勇敢、善解人意、臨床直覺的著作，充滿智慧與療癒。」

——愛麗卡．柯米薩（Erica Komisar）

執業臨床社工（LCSW），心理分析師，家長指導專家，

《不缺席的媽媽：三歲前給孩子全然的陪伴》

（*Being There: Why Prioritizing Motherhood in the First Three Years Matters*）作者

「我讀了《童年母愛缺欠》，彷彿它是神聖的經文——每一個字詞都揭示並闡明我知道內心最深處存在但卻無法命名的本質。凱莉．麥克丹尼爾轉譯了母女之間最明顯、最有力、最影響深遠的印記，有力量及時治癒我們，同時也為在我們之前和之後來到人世間的人們提供療癒。老實說，我記不得有哪一次像我對《童年母愛缺欠》這樣對任何東

西起共鳴。假使你被這本書所吸引——就好好信任它吧！」

——南希・萊文（Nancy Levin）

《設置界線將使你自由》（*Setting Boundaries Will Set You Free*）作者

「《童年母愛缺欠》是一趟深度慈悲、勤奮好學、深思熟慮的旅程，旨在深入領會我們未被滿足的需求以及一觸即痛的創傷。凱莉・麥克丹尼爾優雅清明地引導讀者覺知到養育、保護、指引，在我們的發育過程中起到的巨大影響，而且在那些需求得不到滿足的時候，她滿懷慈悲地看待我們尋求替代品的行為。凱莉嫻熟地概述了療癒的步驟，邀請讀者進入成長和希望。這本書是強而有力的資源啊！」

——珍娜・李默斯瑪（Jenna Riemersma）

執業心理諮商師（LPC），《全然的你：治療內在家族系統，體驗個人與靈性的轉化》（*Altogether You: Experiencing personal and spiritual transformation with Internal Family Systems therapy*）暢銷書作者，「亞特蘭大關係療癒中心」（The Atlanta Center for Relational Healing）創辦人兼臨床主任

「憑藉三十多年的女權主義研究，加上數十年治療女性依附創傷的經驗，麥克丹尼爾具有撰寫本書的獨特資格。《童年母愛缺欠》詳盡周全、清楚易懂、滿懷深度的慈悲，它是一封情書，寫給期待找到回家之路的女性。」

——亞歷珊卓・凱特哈基斯（Alexandra Katehakis）

哲學博士（Ph.D.），《性成癮對失調的影響：一種依據神經生物學的整體療法》（*Sex Addiction as Affect Dysregulation: A Neurobiologically Informed Holistic Treatment*）作者

「當女性無法從母親那裡找到自己需要的安全、連繫或無條件的愛時，她們往往感到心碎或受到無可彌補的傷害。凱莉・麥克丹尼爾是專家，她解釋了這些未被滿足的需求如何導致女性體驗到『母愛飢渴』。她解釋了典型的創傷重現導致低自尊、包括愛和性在內的上癮問題，以及因為這個主要的依附課題而發生的持續傷害。《童年母愛缺欠》是路線圖，它將會幫助你修復你的自我感，學會療癒如何感覺疼愛自己的最基本需求。凱莉帶領你穿越一步步的過程，了解你需要做什麼才能給予自己你不知道應該得到的愛。」

——卡洛・尤爾根森・席茨（Carol Juergensen Sheet）

執業臨床社工（LCSW），認證性成癮治療師（CSAT），認證臨床伴侶專家候選（CCPS-C），《蛻變：女性的自我發現之旅》（*Transformations: A Women's Journey of Self Discovery*）、《幫助她療癒：性成癮者幫助伴侶療癒的同理心工作簿》（*Help Her Heal: An Empathy Workbook for Sex Addicts to Help their Partners Heal*）、《釋放你的力量：穿越伴侶背叛的創傷》（*Unleashing Your Power: Moving Through the Trauma of Partner Betrayal*）共同作者

「凱莉．麥克丹尼爾的《童年母愛缺欠》將會讓全世界鬆一口氣，因為世界各地的女兒們終於有言語可以描述困擾她們的人生和關係的心痛失落。所有母親在努力做好為母育兒的工作時都面臨難以置信的挑戰，而《童年母愛缺欠》帶著慈悲的理解面對這件事，它提供一把亟需的鑰匙，解答母愛缺失可能造成的隱性衝擊，並指出通向療癒和完整圓滿的道路。」

——蜜雪兒．梅斯（Michelle Mays）

執業心理諮商師（LPC），認證成癮治療師兼督導（CSAT-S），「伴侶希望」（PartnerHope）與「關係恢復中心」（Center for Relational Recovery）創辦人

「這本書是必讀之作。凱莉．麥克丹尼爾巧妙地引導讀者穿越微妙且往往危險的依附創傷領域。麥克丹尼爾沒有暗示任何父母的責備或羞恥感，她慈悲地為這個時常被忽略的主題提供亟需的資訊。」

——布莉特．法蘭克（Britt Frank）
社會工作碩士（MSW），執業專家臨床社工（LSCSW），
身體經驗創傷療法認證執行師（SEP），執業心理治療師、創傷專家

目錄

【推薦序】每個人都渴望著母親的愛　10
【作者序】儘早解救母愛飢渴的自己　15
第1章　為「母愛飢渴」命名　21
第2章　依附理論與母愛飢渴　51
第3章　母愛的三個基本元素：㈠養育　75
第4章　替代的安慰　95
第5章　母愛飢渴的文化成因　119
第6章　母愛的三個基本元素：㈡保護　133

第7章 母愛的三個基本元素：㈢指引 175
第8章 三級母愛飢渴 197
第9章 療癒母愛飢渴 235
第10章 帶著母愛飢渴為母育兒 279
結語 294
致謝 299

推薦序——

每個人都渴望著母親的愛

母親在我十八歲的時候去世，當時我還是佛蒙特州境內一所小型文理學院的新生。十年後，我寫了一封信給她，這是每年她逝世週年紀念當天，我都會做的事。「親愛的媽，」我寫道，「您已經去世十年了。」這時的我已然泣不成聲，溫暖而晶瑩的淚水順著臉頰滑落。

「這封信會跟其他的信不一樣，」我寫道，「事情再也不一樣了。我花了十年才終於開始關心自己。我從來沒有意識到我多麼討厭自己。我多麼害怕自己。去年一直是非常艱辛又極其美好的療癒。我現在獨自一人，孑然一身。不再有酒精，不再有男友，不再自我毀滅，不再躲避所有的痛苦。只有我，在這裡，一個人。我還是非常想念您。十年感覺好像一輩子。我不再是曾經的那個女孩……有媽媽的那個女孩。」

「可是我再也不想要這個樣子了。對您的過世念念不忘。我不希望我的一輩子都跟您有關。我很感恩，非常感恩，因為這次失去，我才變成現在的我，但是我再也不想要一輩子都繞著這件事打轉。」

「我再也不想要很糟糕地對待自己。我不想要躲藏。我再也不想要感到絕望或寂寞或仇恨。我想要大步向前。我想要逃避所有這些失落的沉重負擔。我想要把那一切扔掉，就像夏天時身上穿著的外套一樣。我厭倦了這一切。我想要只做我自己。為此，我必須讓您離開。」

「何況我認為，也許，只是也許，因為讓您離開，因為不是設法緊緊抓住您，我可以很平靜。媽，我一直不平靜啊。近十年來，我一直很痛苦。太難了。我再也不想要那樣了。可是媽，我也需要您放開我。」

「親愛的，您唯一的女兒，克萊兒。」

在她去世差不多二十五年後，現在的我還很難重讀這封信。我心碎，為撰寫這封信的時候那個年輕的我心碎。我也為母親心碎，她絕不會希望我感到如此痛苦。

寫了那封信三年後，我生下了我的第一個孩子，一個女兒。而且在女兒出生後的最初幾週和幾個月，我坐在育嬰室裡，抱著她流淚。婆婆擔心我得了產後憂鬱症。她說，她不記得她在孩子出生時有哭得那麼凶。

但那不是產後憂鬱，那是我意識到我沒有讓我母親離開，意識到我永遠不會那麼做，而且意識到我不必那麼做。把女兒抱在懷裡，我知道，我之所以如此想念母親是因為，在育嬰室裡和我自己的女兒在一起，我正在經歷同樣的事：那份原始的母女關係。我意識到這是一份深入骨髓的愛和連繫，只要是女人，都無法否認它的存在或沒有它。

十多年來，我一直是專門研究悲慟的治療師。我曾經與可能幾百位甚至幾千位女性坐在一起，陪著她們處理失去母親的經驗。伴隨母親缺席而來的深邃情緒頻頻令我驚嘆。無論是跟我一樣因為母親去世而失去母親的女子，還是因為各式各樣的被遺棄而失去母親的女性，那都會是一個女人終生難忘的體驗。

凱莉．麥克丹尼爾第一次告訴我她的書名叫做《童年母愛缺欠》時，我立馬知道這會是改變讀者人生的著作。雖然有許多談論失落的書籍，尤其是某些談論失去母親的著作，但是沒有一本曾經如此簡潔地闡述了這番體驗：渴求母親意謂著什麼。

在作為治療師的工作中，我見過許多失去母親的版本。我見過剛剛失去母親的女性以及幾十年前失去母親的女性。我見過因癌症、自殺、謀殺、事故、疾病而失去母親的女性。我也見過仍然有母親但卻因為遺棄、上癮、記憶障礙、精神疾病等等而失去母親的女性。有些失落比其他失落造成更大的創傷，但是伴隨這類失落而來的渴望體驗卻相同。這些女性攜帶的「母愛飢渴」（Mother Hunger）以獨特而持久的方式塑造了她們每一個人的樣子——凱莉在這本非常勇敢的著作中闡述了所有這一切。

但是在我看來，凱莉在《童年母愛缺欠》中完成的最重要事情是，證實失去母親的體驗確實存在。我從個案那裡最常聽到的一句話是：很難相信我還在處理這個問題。但是正如凱莉所闡釋的，期盼母親的體驗對女性的影響如此之深，深到不僅貫串女性的一生，甚至代代相傳。《童年母愛缺欠》不僅證實了這份巨大的影響，而且為我們提供了治癒的解決方案和途徑，在未來幾年必會帶來漣漪效應。

我花了好長的時間才原諒自己因為母親去世而大受影響，但是對於許多女性而言，擺脫失去母親的痛苦非但難以描述而且得來不易。凱莉的著作將會永遠改變這點。知道《童年母愛缺欠》在人世間曝光了，等待著最需要它的女性找到它，這使我的心放鬆下來，讓我生出希望，認為痊癒是有可能的。

假使今天要再寫一封信給我母親，我會告訴她，好多年以前，我並沒有放下她，我會告訴她，我絕不會停止愛她，然而我已經找到了在人生中平靜的方法。我希望所有讀過這本書的讀者也都跟我一樣。

——克萊兒・畢德威爾・史密斯（Claire Bidwell Smith）

執業臨床心理諮商師（LCPC）

《當焦慮來臨時：走出喪慟的情緒，踏上療癒之路》（*Anxiety: The Missing Stage of Grief*）作者

作者序——

儘早解救母愛飢渴的自己

麗莎・多諾凡（Lisa Donovan）在她文筆優美的回憶錄《永遠飢餓的女士》（*Our Lady of Perpetual Hunger*）當中寫道：

> 我家族中的女人們深深地背負著彼此的痛苦。它就像一個額外的器官，一個我們沒有人知道該如何運作的破碎心室，阻擋著其他人的心做正常的事。[1]

多諾凡逮到了那份心碎，也就是某些女兒從母親那裡繼承的「破碎心室」。在我撰寫你現在雙手中握著的這本書的時候，多諾凡的話是我的靈魂的良藥，那是承認祖先的心碎遺產，它是難以言說、難以書寫、也難以了解的主題。

在兩年的時間裡，我幾乎要停止撰寫這份手稿——部分原因是，經常有人提醒我，大多數的人們並不想要了解這個課題，但主要原因是，它實在太難了。我照例反問自己，為什麼這麼做呢？我基於一個原因繼續堅持：這是我年輕時候希望擁有的書籍。

我出生在一個女性動力十足、盡其所能撫養孩子的家族，但是我跟許多人一樣，有著痛苦的背景。儘管我得益於白皮膚、健全的教育以及其他優勢，但即使是特權的人生也無法保護一個人免於「母愛飢渴」之苦。

我的外曾祖母在我外祖母很小的時候就遺棄了她。外曾祖母帶著另外一個女兒離開了小鎮，與一位剛結識的男人住在一起，最終，這個男人成為她結婚又離婚的五個男人之一。她遺棄的小女孩長大後成為我的外祖母。

我很愛我的外祖母。我們一年只去她家一次，但是那些共享的時光對我來說卻很神奇。母親不太喜歡外祖母。毫無疑問，因為被遺棄，外祖母渴求得到我母親無法提供的某樣東西。身為外祖母的女兒一定是某種負擔。我不知道詳情，因為母親幾乎不太記得小時候的事，也不太討論這些事。

直到深入我自己身為母親的旅程和職業道路，我才完全理解「母愛飢渴」的概念。但是就連在很小的時候，我就知道家族裡有什麼不對勁。事後看來，加上臨床的視角，我認為有母親照護的時候，獲得更多資訊對我不會有幫助；我太過忙著設法成為好女兒。我忙著生存。幸運的是，二十出頭時，我無意中走進了女性的研究課程，在那裡，我找到了令我大開眼界的相關指引，為我命名「母愛飢渴」提供了素材。時間快轉二十年，我的第一本著作《準備好療傷》（*Ready to Heal*）出版了，在此，我首度將「母愛飢渴」命名為令人上癮的愛的根源。從那時候開始，我一直在幫助女性理解和療癒因為早期依附貧乏所產生的心痛。《童年母愛缺欠》是從過去三十年來研究、實踐、學習搜集到的智慧集合。它是我寫給讀者的信（一個女兒寫給另外一個女兒的信），談到帶著心碎生活造成的後遺症，這類心碎一部分是生理的，一部分是心理的，一部分是文化的，一部分是靈性的。

儘管故事形形色色，但我發現，每一位患有「母愛飢渴」的女性都期盼同樣的東西：某種品質的愛——某種養育、安全、鼓舞人心的愛——我們認為是母愛的那種愛。我們需要那樣的愛才能讓人生有一個堅實的開始。它是一種無條件的愛，任何浪漫關係、友誼或生日蛋糕都無法取代。

許多人認為父親也可以提供這種獨特的愛。雖然體貼、善於養育的父親養大的女兒顯然有許多優點，但父親無法取代母親。命名為「母愛飢渴」並不是要忽略父親或其他主要照顧者的重要性，也不是要責怪母親沒有提供她們無法提供的東西。「母愛飢渴」是一個框架，幫助你確認母親照護的基本元素是什麼，讓你可以體認到你失去了什麼、同時重拾你所需要的東西。

在這本書中，我們將會探討導致「母愛飢渴」的原因及其應對措施。在你閱讀這些內容且有所發現之際，體認到療癒的力量不會總是感覺美好，但它必會為你帶來嶄新的希望和更新的能量。請放心，即使你的母親實際上並不在場或沒有體認到你的悲傷，「母愛飢渴」還是可以被治癒。「母愛飢渴」並不意謂著你想要成為母親或需要親近你的母親。無論你是由親生母親、養母、寄養家庭的媽媽、父親、兩個母親、兩個父親、單親媽媽或多位照顧者撫養長大，「母愛飢渴」都可能會發生。與其說「母愛飢渴」是關於誰實際撫養你長大，倒不如說是關於你在成長期間缺少了哪些發育的需求。「母愛飢渴」命名了你帶著生活的渴望；期盼某種品質的愛。

以下章節是為了溫柔地支援你而安排的。在第一章中，我們定義「母愛飢渴」，讓你立即找到解脫。本書其餘部分將會詳細介紹母愛的三個基本元素。從「養育」（nurturance）的母親元素開始，我們將會向動物學習，討論依附（attachment），然後仔細研究母愛飢渴與食物和性的複雜關係。

從那裡開始，我們將會繼續討論第二個「保護」（protection）的基本母親元素。回顧傷害女性的動盪文化勢力，將會對為什麼許多人有母愛飢渴的症狀產生慈悲之心。真實案例《髒鬼約翰》（Dirty John）說明當母親無法保護女兒時所發生的悲劇，而且顯示恐懼如何融入成為女性的結構中。

接下來，我們將會探討第三個「指引」（guidance）的基本母親元素：母親如何啟發女兒。然後，在接近本書的結尾時，我們將會探討一下「三級母愛飢渴」，那是關係的三級灼傷，可以摧毀女人的一生，好比茱蒂・嘉蘭（Judy Garland）和愛迪・琵雅芙（Édith Piaf）。最後，我們將會檢視蘊藏在「母愛飢渴」中的悲慟。

「母愛飢渴」以不同的形式出現，某些比較嚴重，某些不那麼嚴重，所以每一個人的療癒看起來都不一樣。有些人的母親已經不在人世，所以你們的道路將會與母親尚在人世的女性不同。無論你的母親是否健在，療癒都涉及取代你在成長期間失去的事物。並非本書的所有想法都適用於你作為女兒的經驗。但是在書中章節的某處，你可能會找到合適的字詞來形容長年煩擾你的痛苦。當你這麼做的時候，全新的清明便會指導你與生俱來的療癒過程。

雖然你的復原路徑獨一無二，但是你可以期待某些共同的療癒跡象：情緒的安全感增加、比較容易做決策、焦慮減少、了解你的依附風格。你將會對你所做的抉擇（即使是你非常後悔的抉擇）滿懷慈悲，也會比較容易挑選善良和尊重人的朋友和伴侶。如果你有孩子，愛他們也會變得比較容易。

「母愛飢渴」並不罕見。但是沒有名稱的話，它便躲藏在祕密和羞恥之中。准許自己學習和談論這類關係傷害其實很激進，它是朝著重拾你所需要的愛邁出勇敢的一步。

如果你是母親，可能會很想要將這本書當作育兒指南或重溫你後悔的事。請儘量不要這麼做。請以女兒的身分閱讀本書。本書是關於了解你在成長期間錯過了什麼，讓你可以重拾自己溫柔的部分，那些是你為了贏得母親的愛或為了在她缺席的時候存活下來而犧牲掉的東西。隨著你拼湊出成為你的母親的女兒的故事，你將會為失去的養育、保護、指引找到新的資源。面對出現在你的人生中的心碎，可以打開喜悅和連結的機會。

在接下來的內容中，在你搜集新的覺知之際，我會全心全意地支持你。

第1章

為「母愛飢渴」命名

如果有一個職位描述母親的身分，它可能會看起來像這樣：

理想的候選人必須是自我啟動者，能夠擁抱、餵養、回應非語言的提示，藉此安慰脆弱的新人類並與之建立連繫。責任包括保護這個新人類免於外來的威脅，以及積極地參與其課業、靈性、社會的發展。候選人需要有同等的溫柔和力量、在壓力底下的優雅、健康的界限。這份工作是沒有薪水的。

為什麼會有人報名參與這份工作呢？這份工作要求高，往往吃力不討好，而且工資糟透了。母親的工作相當驚人。孤立無援、財務壓力、性別歧視構成令人不知所措的責任，那些伴隨著養育和保護新生兒以及指引孩子跨越複雜的人類發育階段而來。此外，為母育兒和母親身分被過度浪漫化（或戲劇化）了，使得把現實描述成欠缺神性經驗（或可怕的負擔）的東西成為禁忌；兩種極端都抹去了為母育兒的複雜性。當女性因為選擇為母育兒而非其他類型的工作而感覺「比較渺小」，或因為擱置其事業抱負而遭人批判，我們的集體思維在某些地方便有很大的問題。

母愛是我們第一次體驗到愛的感受，而且我們得到的母親照護告訴我們終生對自己的感覺。「為母育兒」是人類最重要的努力。然而當我們試圖定義造就好母親的因素時，卻很難找到適當的字詞。對於「母親」或「為母育兒」，我們沒有精確、通用的定義。

當我查閱「為母育兒」（mothering）時，《劍橋詞典》（*Cambridge Dictionary*）把它定義成「以母親的身分照顧孩子或以母親的方式照顧人們的過程。」《韋氏詞典》（*Merriam-Webster*）把「為母育兒」定義成「從子宮生出來；生育。」這些定義沒有為我們提供任何具體的東西。它們暗示「為母育兒」對女性來說是簡單且與生俱來的。

為了幫助女性治癒「母愛飢渴」，我需要一個「為母育兒」的實用定義。我花了許多年聆聽心碎的成年女性以及徹底探索「依附」理論，為的是建立可以指引治療過程的框架。我所發現的是，「為母育兒」需要三個基本元素：養育、保護、指引。前兩者（養育和保護）是小小孩從母親那裡得到的最原始需求。第三個元素「指引」出現得比較晚。假使我們被剝奪了其中一種或多種成長發育的需求，那麼隨著我們日漸成熟，就會因為不安全型依附的症狀而苦苦掙扎。舉例來說，如果沒有早年母親的養育，我們長大後便渴求觸碰和歸屬。沒有早年母親的保護，我們便不斷地焦慮和恐懼。沒有母親的指引，我們便欠缺指揮我們選擇的內在羅盤。這些是「母愛飢渴」的症狀。

「母愛飢渴」可能聽起來像是因為我們的問題而責怪母親的另一個藉口，但其實並非如此。事實上，情況恰好相反。當我們理解母親盡其所能且以她們知道的唯一方法疼愛我們的時候，責怪便無處安身。母親只能給予自己的孩子她原本擁有的東西。

「母愛飢渴」來自於代代相傳，在一個偏愛男性、陽剛特質、獨立自主同時貶低女性、陰柔特質、交互依靠的文化中逐步滋長。假使我們能夠撇開責怪母親，或撇開一概而論女性兼顧事業因此難以陪伴家人的傾向，那麼我們對母愛飢渴的集體理解就可以引導出啟發靈感的努力，從而支持女性為母親身分做好準備。畢竟，歸根結柢，每一個人都因為養育、保護、母親的照護和指引而受益。

我們需要母親

假使你曾經感覺到非常需索無度或依賴，那麼本節可能會幫助你理解箇中緣由。我們需要母親。這份需求在生物學上先天植入我們的身體和大腦之中。如果我們沒有得到母親足夠的呵護，對愛的期盼便與我們長相左右。提到「母親」，我主要談的是親生母親，但「母親」也是一個動詞，而且凡是具有養育、保護、指引孩子的渴望、能力、意願的成年人都可以成為母親。無論如何，我讚賞且同意愛麗卡・柯米薩（Erica Komisar）在《不缺席的媽媽：3歲前給孩子全然的陪伴》（*Being There*）當中的言論：「我們否認母親對其孩子非常具體且特殊的身體和情緒角色，尤其是在我們企圖保持現代的過程中，這並不符合孩子的最佳利益及其需求。」[1] 就跟柯米薩一樣，我在實務中親眼見證到，當這份重要的關係受損時，究竟會發生什麼事。

為母育兒是耗費心神的工作，因為小小孩生來具有強大的生存本能。從生命一開始，本能便迫使新生兒與親生母親保持親近，因為母親的聲音、氣味、身體已經很熟悉了。母親就是「家」。就跟想要有一個主要情人或最佳好友的成年人一樣，在早期幾個月期間，寶寶在使人寬心的熟悉關係中茁壯成長。這是生物學。

當親生母親無法在旁陪伴時，親生母親以外的某個人可能是主要照顧者。不過有時候，以醫療急救、母親死亡或收養的案例而言，初期與親生母親的身體分離，可能會增加與替代照顧者建立連繫的障礙。根據收養專家瑪西・阿克斯尼斯（Marcy Axness）博士的說法：

「大自然是嚴格的任務大師：無論是最美好的意圖或最崇高的理由，都無法重寫她的神經生理學定律。」[2] 阿克斯尼斯研究和撰寫的範疇主要是收養與被收養者，她致力於解決闡釋為何被收養者比非被收養者有更多心智健康問題的「社會科學之謎」。她引用嘉柏・麥特（Gabor Maté）醫師的說法，後者表示，嬰兒時期便被收養的成年人「終生懷有強大的拒絕感。」[3] 麥特與阿克斯尼斯的工作使我們充分領悟到我們最早期的人生歷程，以及與親生母親分離的風險有多大。我喜愛阿克斯尼斯以下的洞見：

> 所有參與收養的人都可以體驗到極大的祝福，但是我們絕不可以忘記，那些祝福許多時候是因為失去而產生的——孩子失去無法養育子女的親生父母；養父母失去夢寐以求的親生子女；被收養的子女失去他或她在生物學上、家譜上以及或許文化上的連結……無論在什麼情況下（收養、代孕、新生兒重症照護單位的照護），新生兒遭受分離創傷、失落、悲慟的慈悲照護都不需要稍候片刻，它可以且應該立即展開。[4]

突然失去親生母親的寶寶需要額外的照護以及體認到分離憂傷。當這份需求沒有被滿足時，如此的早期決裂可能會引發終生的心痛。如果這是你的故事的一部分，那麼我希望，了解早期母嬰分離是一種困境確實有其價值。

缺失的母親照護

「母愛飢渴」（Mother Hunger）是我創建的詞語，為的是描述在沒有印記著情緒價值和關係安全的為母育兒品質下長大是什麼感覺。「母愛飢渴」感覺就像靈魂中的空虛，很難描述，因為它可能在嬰兒時期或語言形成之前便開始了，而且成為你始終感覺到的一部分。「母愛飢渴」這個詞語捕捉到對愛非常強烈、無法滿足的期盼——我們夢寐以求但卻無法找到的那種愛。許多人將「母愛飢渴」誤認成渴望得到浪漫的愛。但實際上，我們渴求的是在成長的時刻、月分、年分期間沒有得到的愛。

母親照護的基本元素為準備好要建立連繫，並好好學習的強壯、健康的大腦提供環境。寶寶需要可靠、體恤的人類親密關係，大腦才能發展人際連結的必要社交區。我們的第一份愛，也就是母親的愛，教導我們未來會如何感受愛。「今天，當父親們比以往任何時候都更加參與撫養孩子時，母親角色是獨一無二且無可取代的想法看似過時了。然而，有大量證據顯示，生物學對男人和女人的養育方式不同有著巨大的影響，而且最新的研究已經顯示，母親獨一無二的臨在對孩子早年的情緒發展和心智健康至關重要。」[5]

渴望依附

如果你正在閱讀本書，很可能有時候你會感覺到瘋狂、羞愧或破碎——但你其實不是這樣的。「母愛飢渴」被深深地誤解了，而且沒有母愛飢渴的人們根本無法領略愛飢渴的感受。當然，這使我們感到孤獨，帶著所有令人困惑的情緒和行為。

在二〇〇八年，我使用流行的臨床語言將「母愛飢渴」描述成某種「依附障礙」（attachment disorder）。我後悔用了「依附障礙」這個詞，因為「母愛飢渴」並不是障礙（disorder），它是傷害（injury）——它是一種心碎，源自於在早年發育時期，母親不當的養育、保護或指引形成的。「傷害」貼切地描述「母愛飢渴」，因為（始終）帶著它生活是很痛的。它就跟悲慟一樣，複雜的悲慟來自於你獨自一人背負著不被承認的無形負擔。

小時候，假使母親養育和保護的基本元素缺失，你會不停地愛著母親——你根本沒有學會愛自己。這是「母愛飢渴」的本質。母愛飢渴是一種心碎，觸碰到在你的世界中的一切，尤其是你與他人的關係和你自己的價值感。在本書中，我將會從許多視角（生物學的、情緒的、心理學的）解釋這個概念，讓你不再感到困惑、瘋狂或孤獨。

在依附理論的語言中，「母愛飢渴」等於是重新命名「不安全型依附」（**insecure attachment**）。不安全型依附是煩人的標籤，因為它暗指你有問題以及你與他人的關係。沒有人想要被稱作「不安全」。但是不安全型依附不是性格弱點，它是基於研究目的而創建的詞語，將你與他人如何依附進行分類，也就是你小時候如何被養育和保護的直接結果。至少五〇%的人口擁有不安全型依附風格（在下一章，我們會更仔細地探討這點），所以，假使你的早年使你擁有不受歡迎或不值得信賴的關係經驗，那麼跟你一樣的同伴大有人在。[6]

當養育和保護的早年需求沒有得到滿足時，就等於設定成母愛飢渴得以滋長。雖然許多成年人都患有母愛飢渴，但是每一個人的表現都不一樣。基於哪一種母親元素缺失、缺失了多久、程度如何，你的母愛飢渴可能輕微或嚴重。

母愛飢渴來自於可能發生在語言形成之前的事件，當時母親的照護是你的整個世界。為了了解這點，請將你的親生母親想成你的第一個家。她的身體、擁抱、情緒是你的第一個環境，與你的新生兒身體和情緒密不可分。對嬰兒來說，母親的身體是調節呼吸、體溫、睡眠節奏、心跳速率的天然棲息地。大自然的設計是讓母親待在身邊，讓你順利地發育成長。

當寶寶警覺到因飢餓、疼痛或分離產生的需求時，大自然的設計是需要母親的安撫觸碰和聲音，才能滿足那份需求。久而久之，由於母親有所回應，正向的互動增強了幫助我們信任他人和管理壓力的成長獎勵系統。因此，母親與孩子之間的日常互動和夜間安慰，「就是神經生物學的膠水，黏住所有未來的健康關係。」[7]

假使基於不管什麼原因，你的母親沒有準備好要成為母親，或是如果跟許多人一樣，她並沒有覺知到我們即將在此囊括的概念，科學顯示，你可能會背負她所感受到的模稜兩可、恐懼或憤怒。她對你的需求的回應可能並不恰當，她在你身邊陪伴的時間可能並不夠多。雖然你對她的早年照護沒有明確的記憶，但你的身體卻記得很清楚。當母親照護的基本元素缺席時，結果是依附傷害，那成為未來思考和感覺的基礎。

內隱記憶

你的身體知道早年的愛的感覺。因此，本書的許多焦點將會放在人生的頭兩年，在記憶外顯以及認知存在之前，也就是當「思考」根本不在思考的時候——重點在於感覺。嬰幼兒的「思想」是奠基於身體且由早年環境告知的情緒體驗。[8]

由於思考的大腦或大腦新皮質在三歲之後的某個時間發育（這時候，孩子經常開口問「為什麼？」），邏輯在那之前尚未成形。[9]我們可以這樣想：對寶寶來說，感覺就是事實。如果寶寶害怕或飢餓，而某位善解人意的成人對寶寶的提示做出回應，那麼一切安然無恙。假使沒有人在，那麼一切就不太安好。與熟悉的照顧者分離意謂著危險。

情緒被儲存在身體內，創建出某個實相或信念體系：這個世界很安全，我也很安全，或是，這個世界很恐怖，而且我孑然一身。像這些被儲存起來的體受感成為「內隱記憶」（implicit memory）。跟有意識又有語言的「外顯記憶」（explicit memory）不同，內隱記憶是無意識的，沒有任何語言。內隱記憶深深地駐留在腦部的邊緣結構內，竊竊私語著身體其餘部分的安全或危險訊息。早年的經驗透過感覺和體受感大大影響著發育中的中樞神經系統。

於是，你「記住」的早年事物比較像是某種體受感，不是有意識的覺知。

在有或沒有母親的情況下，感覺從語言學習之前、認知形成之前的時刻便創建了內隱記憶。早年的情緒體驗如實地嵌入我們的腦部架構。[10] 當嬰兒脆弱的神經系統學會事物並不安全時，就跟早年的母嬰分離或不體恤的照護一樣，大自然召來恐懼回應。恐懼釋放皮質醇和腎上腺素，對發育中的腦部區域而言，那可能是有毒的。當恐懼沒有得到緩解且定期發生時，寶寶便在細胞中儲存恐懼的體受感，建立隨時應對危險的身體和大腦——渴求愛，但是對人際的連結謹慎小心。

理解內隱記憶解釋了為什麼有時候我們不知道自己為何那樣行事。我們無法看見活在自己體內的憂傷。早年的記憶是脫離意識的，但卻終生指揮我們的心情和健康。[11] 丹尼爾·席格（Daniel J. Siegel）醫師談到整合內隱記憶和外顯記憶的重要性，讓你深入了解你的過去如何影響著你。你現在就做著這件事：承認「母愛飢渴」並學習如何治癒它。

人際的連結

每一個人體驗到的第一個環境都是我們的親生母親。在子宮內，她的情緒和營養讓我們知道我們正在進入的世界以及如何在其中生活。我們的歸屬感由此開始。人際的連結——我們與他人建立連繫以及信任他人的能力——首先在子宮內發展，然後在適當的主要關係中繼續成長，於是我們準備就緒，方便與他人建立社交連繫。

我們知道，人類健康和快樂的最大預測因子並不是財富或地位，而是我們擁有多少愛的關係。在人生的最初一千天期間，我們今生心理生物學上的幸福基礎便被建立起來了。依附理論的世界領袖艾倫・修爾（Allan Schore）博士強調最初一千天的重要性，包括從受孕到兩歲期間。他稱這些最初的日子是「早期形成主觀內隱自我的起源」。[12]

神經科學告訴我們，大腦不會區分情緒痛苦與身體疼痛。身體無法區別骨折與心碎的差異。飢餓或寂寞的嬰兒感到疼痛。一旦沒有親近的照顧者替嬰兒緩解，疼痛便加劇。嬰兒的大腦無法告知他的身體為什麼痛苦。假使母親照護在頭三年期間受損，這樣的欠缺養育會令寶寶心碎。

科學是無可辯駁的：孩子需要早期照顧者的養育、保護、指引，才能發育出達成理想生活的必要大腦歷程。美國疾病控制與預防中心（Centers for Disease Control and Prevention，簡稱CDC）確認，「安全、穩定、養育的關係」（SSNR, safe, stable, and nurturing relationships）是促進兒童健康社交和情緒發展的基礎。在SSNR的背景下，成人可以減緩兒童面對壓力源時的戰鬥或逃跑反應（**fight-or-flight response**）。這些關係進一步促使兒童得以優化正向的個人成長以及提升他們的社交技能。CDC將安全、穩定、養育定義如下：

- **安全**：兒童在其社交和物質環境內，免於恐懼和免於身體或心理傷害的程度。
- **穩定**：在兒童的社交、情緒、物質環境中，可預測性與前後一致的程度。
- **養育**：在善解人意與前後一致方面，兒童的身體、情緒、發育需求得到滿足的程度。[13]

註：在為兒童倡導的同時，CDC也強調，成人需要與其他成人的SSNR（那往往被稱作「社會支持」或「社會資本」），才能維持與孩子的養育關係。「醫療保健策略中心」（Center for Health Care Strategies）解釋了何以「SSNR的一個關鍵結果是安全型依附。」[14]

我們無法只因為自己不方便滿足嬰兒和孩童的需求，就期待他們沒有這些需求。忽略這些需求的代價太大了。誠如愛麗卡・柯米薩指出的：「我們想要根除兒童和年輕人的心智健康課題，例如抑鬱、焦慮、暴力，但是我們其實並不想太過深入地探究問題的根源。」[15]假使我們看得太過仔細，就需要做出重大的改變，才能補救育嬰假和厭惡女性生命力的系統性課題，這些物化女性且剝奪女性的權力。我們將在第六章〈母愛的三個基本元素：(二)保護〉中更仔細地探究父權制。

歸屬感等於存活力

出生不應該感覺像離家。寶寶被設計成在身體上保持親近他們的親生母親，那是他們最熟悉的環境。母親是庇護所和養料。在生命的前六到九個月，寶寶無法區分自己與母親。[16]這是大自然確保嬰兒存活下去的計畫。寶寶的腦部和身體是基於母親貼身照護建造的，那意謂著被揹著、抱著、哺育。寶寶的設計絕對不是基於長時間遠離他們的主要照顧者；呼吸、心跳速率、體溫、情緒安全感等不成熟的發育系統仰賴人類的觸碰和接近。

我想要媽咪是哀傷的幼兒被普遍認可的請求。我們聽到了這樣的哭聲。也許我們感受到了這樣的哭聲；那份請求在我們心中深深地迴響。當哭聲得不到回應時，會發生什麼事情呢？或是遇到惱怒、不耐煩的回應，會發生什麼事情呢？我們不再需要媽媽了嗎？絕對不是。久而久之，沒有母親的安慰，我們確實學會要埋葬那份需求。但是那份需求並不會消失。期待母親養育和保護的需求未被滿足，於是像發炎感染一樣化膿潰爛。身體保留著情緒疼痛的記憶，而且久而久之，可能衍生出慢性憂傷和不安全感。當憂傷成為常態時，它變得有毒。有毒的壓力引發生理性炎症，削弱免疫系統。因此，欠缺早年養育或保護是一種逆境，引發依附傷害。內在受到驚嚇或寂寞的幼兒跟隨我們進入成年期，大肆破壞著我們的身體、關係、事業。[17] 這顆早年破碎的心是「母愛飢渴」的根源。

「沒有人像你媽媽一樣愛你」

事實是，我們從來沒有真正成長到足以跨越母親安慰我們、慶祝我們的成就、或為我們做羹湯的需求。引用作家亞卓安・芮曲（Adrienne Rich）的話：「過去，現在，在我們大多數人的內在，都有一個仍舊渴望著得到女性的養育、溫柔、贊同的小女孩。」[18]對女兒來說，健康的母愛總是感覺很美好。終生保持溫暖連結的母女絕對比失去彼此的母女更健康、更快樂。

提供適度的養育、保護、指引的母親培養出安全依附型的女兒，她們橫渡人生的挑戰，沒有不必要的憂傷。但是所有母親都愛自己的女兒的迷思，抹殺了許多女性都知道的事實：母愛的感覺並不美好。母愛的幻想並不適用。這個迷思令許多從來不知道這種溫柔的女兒十分困惑。

母愛飢渴——期盼母愛——可能來自於善意的母親無法在場陪伴，或來自於母親在場，也想要去愛，但卻沒有適當的依附基礎架構被編程到自己的心靈中。母愛飢渴不會因為種族或階級而有差別對待，因為嬰兒的需求是普世的。我們在嬰幼兒時期接收到的那種照護教導我們，我們是否值得、惹人愛、安全。確實，我所發現的是，有個刻薄或疏忽的母親跟完全沒有母親的破壞性一樣大。

受損的母親的女兒緊緊抓住希望——希望她們擁有的母親將會成為她們需要的母親。持久的希望創造出病態的幻想，使女性陷入失望與悲慟的循環之中。選擇感覺起來比較像強制。決策制定奠基於外來的壓力而非內在的價值觀。替代品是必須的。童年時期，母親的替代品可能看起來很像蛋糕、冰淇淋或童話故事。但是最終，伏特加、毒品或倉促、癡迷的關係取而代之。在人生的各個階段，未被治療的母愛飢渴都渴求快速解決潛伏在內的空洞。

「沒有媽媽」的女兒

在我的第一本著作《準備好療傷》（*Ready to Heal*）出版之後，認同「母愛飢渴」的女性向我尋求支持。我需要更好的語言來描述成年女兒在進入董事會會議室、餐廳、戀情、母親身分之後的無言絕望。荷波．艾德蔓（Hope Edelman）的著作《沒有媽媽的女兒》（*Motherless Daughters*）神奇地出現在我面前。艾德蔓是才華橫溢的記者兼作家，很早便失去了母親。她找到了語言表達沒有媽媽的女兒的情緒遺毒，專業地描述了在沒有母親照護的情況下發生的情感、社交、心理發育受阻。她的著作令我著迷，因為她對沒有媽媽的女兒的描述聽起來跟我的個案一樣，儘管我的個案的母親大部分仍舊健在。

為了理解這點，我找到了波琳．博斯（Pauline Boss）博士談論「模糊性失落」

（ambiguous loss）的重要作品。「模糊性失落」是博斯創造的詞語，用來解釋當我們所愛的某人改變時，例如失智症、阿茲海默症或腦損傷，會發生什麼事。它發生在心理缺席與身體在場共存時——換言之，就是當一個人身體在場但心理和情感缺席時。博斯的描述幫助我，理解為什麼我的個案看起來就像艾德蔓的沒有媽媽的女兒。

一個女兒長大後可能會有沒有媽媽的症狀，因為她缺少母親的關注（attention）以及在情感上同調（attunement）。關注對養育和保護至關重要。為了感覺被愛，孩子需要母親在情感上同調，也需要母親實際在場。母親在情感上的缺席直接影響她的照護品質。欠缺母親在情感上同調的原因很多，例如工作要求、智慧型手機和螢幕、各種成癮或健康欠佳。母親自身尚未治癒的心理難題可能會削弱她關注和同調的能力，使她遠離當下時刻和她的女兒。

母親當初也是女兒

當我需要語言表達「母愛飢渴」時，亞卓安·芮曲總是啟發我。芮曲寫道：

許多人都以我們甚至察覺不到的方式被養育；我們只知道我們的母親以某種不可估量的方式站在我們這邊。但是如果母親拋棄了我們，因為死亡，或讓我們被別人收養，或因為生活迫使她酗酒或吸毒、長期抑鬱或瘋狂，如果她為了賺取吃飯錢，被迫把我們留給冷淡、漠不關心的陌生人；……假使她一直根據制度的要求努力成為「好母親」，因此變成了焦慮、擔憂、極端拘謹的童貞守護者；或是如果她只是離開我們，因為她需要在沒有孩子的情況下生活……我們內在的小孩，那個在男人操控的世界中長大的小女子，還是時常感覺就是沒有母親。[19]

許多善意的母親並沒有為女兒提供適當的養育、保護或指引，因為她們根本無法分享她們所沒有的東西。母親當初是女兒，而且她們可能帶著自己未經確認且未被治療的母愛飢渴生活。每一位母親都背負著她的母系祖先的資源、信念、創傷。而且對每一個女人來說，「母親失去女兒，女兒失去母親，都是必不可少的女性悲劇。」[20]

基於許多原因，閱讀本書可能會有所觸發。既然你現在成年了，辨認「母愛飢渴」談的就是療癒未被滿足的基本需求。瀏覽本書中的概念時，你可能會在感覺生你母親的氣與感覺好像因為閱讀本書而背叛她之間搖擺不定。多數人都被訓練成好女兒，而且無論母親的行為多傷人，我們都會將它減至最小。另一方面，你可能想要責怪你的母親。責怪是悲慟的自然階段，也是「母愛飢渴」非常正常的部分，但它是個可怕的地方，會讓人卡住。假使你發現自己無法擺脫責怪，可能表示你需要更多支持才能治癒這個傷口。

如果你有自己的孩子，閱讀本書可能會有額外的挑戰。為母育兒並不適合沒有勇氣面對困難的人。雖然我們在生物學上具有養育和保護孩子的天性，但是母親們會接收到對立且相互矛盾的建言，使這項工作變得更加困難。你已經知道與罪疚鬥爭是什麼感覺，因為你達不到人造的為母育兒標準。你有過失去耐性的日子，有過生氣發飆的日子，也有過失去理智的時候。你可能會質疑當初為什麼要生孩子。在無法適度支持你的文化荒野中，這些都是正常的感受，伴隨著難以置信的為母育兒的壓力。

如果你的孩子年紀比較大，與你疏遠了，或是在他們的人生中苦苦掙扎，你可能會因為失去與他們之間的親近而感到絕望。但是隨著你獲得新的洞見，要記得保持聚焦在你作為女兒的體驗。儘管我涵蓋了為母育兒的原則，但本書並不是育兒手冊，我囊括這類資訊只是為了幫助你辨認，在成長成為今天的你的過程中，你究竟失去了什麼。本書的目的是治癒你的母愛飢渴，不是檢查你如何為母育兒。

再次強調，與你的母親的關係是你在此與我同在的原因。在你找回自己失去的部分的時候，不管你的孩子多大，請不要找他們處理這類題材的原始感受。隨著你的心痊癒，你的孩子將會承繼你所下工夫的贈禮，無須任何解釋。在《我祖母的手》（*My Grandmother's Hands*）的巧妙言詞中，社會工作碩士瑞斯瑪·梅納克姆（Resmaa Menakem）說道：「每一個人都能做到的最美好事情之一（不只是為我們自己，也是為我們的子孫）是，代謝掉我們的痛苦並治癒我們的創傷。」[21] 如果你是女兒的母親，要相信女兒總是想要她們的母親。幾乎在人生的任何階段，建立新的連繫都有可能——尤其是在某些重大的變遷期，例如女兒的青春期或女兒本身成為母親時，許多女兒再一次渴望母親的愛和指引。

對許多人來說，閱讀這些內容可能會觸發童年的痛苦重現。如果這種情況發生，我鼓勵你找到一位訓練有素且對創傷夠敏感的依附治療師，對方可以幫助你理解惱人的情緒和記憶。治癒母愛飢渴並不是發生在孤立的情況下。母愛飢渴是關係創傷，需要關係修復。為了避免卡在絕望中，值得信賴的嚮導是必不可少的。

男人、女人都有母愛飢渴

我時常被問到，男人是否也會承受母愛飢渴的折磨。簡短的回答是肯定的。所有寶寶都需要母親的養育和保護。如果這些缺失了，男孩和女孩都會體驗到母愛飢渴。但是隨著男孩日漸成熟，他們對指引的需求從母親轉移到父親。男孩通常轉向男人的世界，才能找到導師並融入文化上的男性理想。對於非主導型的男孩來說，這個過程非常複雜，但是「母愛飢渴」可能不是其中之一。

雖然各式各樣的典範也有助於女孩子的成熟過程，但是她們特別受益於母親不間斷的指引。事實上，正是透過母親的身、心、靈，女兒們定義了女性氣質、生物學、她們自己。

「足夠好」的為母育兒

幾十年前，英國兒科醫師兼精神分析學家唐諾．溫尼考特（Donald Winnicott）醫師，為我們提供了「足夠好」的母親的概念。與此同時，他也為我們提供了少數行之有效的「為母育兒」定義之一。溫尼考特解釋：「足夠好」的母親調頻聆聽新生兒的需求。不知何故，「足夠好」的母親理解寶寶需求的暫時急迫性。她們似乎知道，善解人意的回應對於新生兒的健康至關重要，以及早期的建立連繫過程本質上有好處。排除其他人生逆境，「足夠好」的母親幫助培養安全依附型的孩子，這些孩子達到成長的里程碑，因為他們感到安全和被愛。[22]

「足夠好」（good enough）這個詞令我不舒服。雖然一部分的我發現它是一種解脫——一種思考為母育兒（或就此而言，思考其他任何事情）的方式，不讓自己堅持某個不可能的標準——它將早期依附過程的巨大重要性以及為母育兒的關鍵重要性減至最小。因此，我不會用這個詞來解釋「母愛飢渴」。

為母育兒的三個基本元素

為了理解、治療、撰寫「母愛飢渴」，我需要比「足夠好」更精確的框架來量化母愛。隨著時間的推移，我確認了三個有助於產生價值感和安全感的基本母性元素：養育、保護、指引。這些都是轉化成為母愛的照護元素。

養育：母親是我們的養育的第一源泉。她提供食物和安慰。她回應飢餓的能力，以及我們對親近的需求從生命的最初時刻，教導我們了解這個世界。從她的養育中，我們學到我們是否重要。我們了解愛的感覺。

保護：母親的保護是生存的基礎。保護緩減了否則會製造恐懼和焦慮的威脅，藉此增強發育成長。這些威脅可能包括任何事情，從缺乏庇護所到憤怒的兄弟姊妹或麻木不仁的成年人。保護開始於子宮，而且持續很長一段時間，因為女兒需要母親的保護，才能免於貶低和侵犯女孩的勢力。

指引：隨著年齡的增長，女兒們觀察母親，尋找成為女性是什麼模樣的提示。女兒們從母親的尊重和照護中學會如何對待其他女性。女兒從母親的以身作則中，學習如何堅強而善良、溫暖而勇敢。然而，如果前兩個元素「養育」和「保護」缺失了，女兒不太可能會信任母親的指引。那樣的連繫確實太過脆弱。女兒反而可能會打破母親的規則、母親的風格或母親的心願。

提供這些基本元素的母親是人生風暴的避難所。當然，就連提供這些元素的母親也會在一路上犯下許多錯誤。幸運的是，錯誤並不會製造母愛飢渴。母愛飢渴來自於在養育、保護或指引方面造成未被承認的損害。體認到自己的錯誤並做出修補的母親保持連繫的建立安全無虞。任何一位母親為了做好這件事，她必須得到朋友的養育、伴侶的保護、家人的支持。如果沒有這些資源，母親可能需要專業的支持才能滿足為母育兒的要求。

鏡映與同理心

由於重複和可預測性，寶寶的神經構造模仿她的照顧者，烙下如何愛和如何感受的模板。溫暖、經常的觸碰有助於寶寶的大腦發育，餵養促進連繫建立的神經元。寶寶在媽媽的懷裡發育，貼著媽媽的心，一次一個呼吸。在母嬰二人中，愛的交響樂精心編排一顆具備精通觀察、溝通、社交連結能力的大腦，那將會終生為寶寶提供服務。鏡映（mirroring）促使這種非語言學習變得有可能。

當我們對某人微笑時，對方微笑的鏡像神經元便被激活，刺激他們腦中的化學反應，釋放多巴胺和血清素，這些是增加幸福感和減輕壓力的激素。同樣地，當我們看見某人微笑時，它激起我們自己的微笑鏡像神經元。[23] 這是鏡映原則在起作用。鏡映讓我們感覺到或「得到」另外一個人。這不需要認知上的努力；它在生物學上連接到我們的鏡像神經元。因此，僅僅看見別人的面部表情，我們便自動地感覺到對方的感受。鏡映是同理心（empathy）的開始。同理心使我們成為人類，為連結和社群提供基礎，使我們免除寂寞。

鏡映開始於人生的頭幾個月。所有寶寶都會研究母親的臉。她的眼睛、她的微笑、她的面部表情，都是寶寶是否安全和被愛的線索。如果媽媽的臉看起來溫暖而放鬆，寶寶就會讚賞這個跡象，認為一切安好。另一方面，如果母親看起來生氣或冷淡，嬰兒的鏡像神經元就會記錄有威脅。當母親面無表情或皺著眉頭迎接她的新生兒時，對於正在發育的寶寶來說，人際的連結可能變成不愉快乃至嚇人的經驗。

孤立與寂寞

在最近的訪談中，美國前公共衛生局局長維偉克・默熙（Vivek Murthy）醫師討論了寂寞的毒性。他解釋說，持續的寂寞造成一種「慢性的壓力狀態」，從而損害免疫系統；引發炎症、心臟病、抑鬱、焦慮；而且增加早死的可能性。根據默熙醫師的說法：「長期的寂寞相當於每天吸十五根菸。」[24]在鼓勵對寶寶和孩童進行獨立訓練的文化中，太多父母完全沒有覺察到寶寶的關鍵依附需求。由於擔心自己的孩子會軟弱、需索無度或被寵壞，最善意的父母也會犯下錯誤，使他們的小小孩感到寂寞，對安全型依附產生負面影響，並促成「母愛飢渴」的滋長。

作為成年人，許多人都帶著無意識地對愛和安全感的深深渴求活著，這源自於在大腦發育的脆弱動態期間太過寂寞。雖然我們可能看似能幹而強健，但是內心深處卻有一種揮之不去的空虛感。因為太早適應人生中的寂寞，這在原本愛和連結應該存在的地方留下一個深坑。對於愛和人生，我們沒有內在的羅盤，大腦糊里糊塗地適應了寂寞，沒有準備好迎接健康的關係。

第一份愛

無論是令人不安還是備受肯定，母愛都是我們的第一份愛，為你如何感受自己、他人、周遭世界播下種子。如果你的第一份愛的體驗很正向，那麼其他關係往往也很正向。假使不正向，那麼破損的母親依附便促成你人生中的所有其他關係。無論你感覺到照顧母親的情緒健康的負擔，還是無法得到母親足夠的關注，如此與你人生中最重要的人斷連會讓你感到不對勁或難受——而且容易上癮、情緒波動、孤立、有羞恥感。許多女性與我分享善意的朋友、靈性導師、心智健康提供者，如何不理解這種痛苦。事實上，某些人積極勸阻討論這點。難怪如果談到你母親的話題，你可能會感到不忠誠或忘恩負義。當沒有一個安全的地方可以談論你的失落時，悲慟便卡在你的身體內。「母愛飢渴」沒有被看見，也沒有得到治療，它繼續影響你的心情和你所愛的人。理解你生命中第一段關係的本質，並不意謂著你忘恩負義或為自己難過。要把它想成邁向完整圓滿的一個勇敢步驟。體認到你擁有過什麼，和失去了什麼，可以指出邁向重拾你的需求的道路。

你的痛苦有名稱

帶著未經確認的母愛飢渴生活就像戴著眼罩過一輩子。你根本無法療癒你看不見的東西。在這些內容中，我們脫掉情緒的眼罩，才能確認哪些是不屬於你的撫養過程的母親照護元素。我們將會更深入地檢視為母育兒的三個關鍵元素，好讓你理解，當一或多項缺失時，成長發育會發生什麼事。理解為母育兒幫助你重拾失去的東西。

你的母愛飢渴體驗是你與母親的關係中特有的，然而這種極度的痛苦卻普遍存在。伴隨母愛飢渴而來的情緒包括悲傷、焦慮或困惑等常見的人類感受。這些普世的感受通常在與朋友和伴侶的關係中找到緩解。但是母愛飢渴使得與他人的連繫變得複雜，所以不幸的是，關係並不總能帶來解脫。因此，很容易卡住。母愛飢渴在寂寞、恐懼、羞恥的氣氛中茁壯成長並持續存在。這些壓力重重的情緒通常需要上癮來緩解，這就是為什麼對許多人來說，食物、性、愛、工作、鍛鍊或消費可以讓人上癮。我們將在第四章〈替代的安慰〉中討論這點如何發生。

儘管這是一個非常艱難的話題，但是如果你正在確認「母愛飢渴」且從中療癒，我希望本書可以幫助你減少孤獨感。閱讀本章後，你知道你的痛苦有名稱，你的成長照顧環境中缺少了關鍵的東西。隨著你的身體的智慧接管，嵌入多年的情緒將會找到浮現的出路。由於你的心痛有名稱，新的力量即將到來。

第2章

依附理論與母愛飢渴

作為人類為何像我們這樣生活和愛人的首要心理學解釋，依附理論的力度正漸增強。[1]我們的個人依附風格是我們如何與他人連結的具體地圖。雖然人類的依附行為各式各樣，但是每一個人都有與他人連結和建立關係的主導模式，那很早便留下了印記。為了理解「母愛飢渴」，我們將會仔細研究一下母親照護的那幾個月的成長期，當時我們正在「學習」如何依附。

丹尼爾·席格醫師是作家、精神病學家、加州大學洛杉磯分校人類發展中心（Center for Human Development）主任，他提出一個臨床的視角：「依附建立一種人與人之間的關係，幫助尚未成熟的大腦（孩子的大腦）利用父母大腦的成熟功能來組織它自己的過程。」[2]在穩定、養育、保護的成年人缺席的情況下，早期的依附功課可能會導致不安全感。「母愛飢渴」是一個詞語，描述成人的不安全型依附風格感覺起來像什麼，以及當母親照護的基本元素缺失時，會發生什麼事。理解不安全型依附的根本原因可以指出療癒的方向，增加在成年後形成安全型依附的可能性。

依附理論

依附理論誕生於第二次世界大戰之後，當時在孤兒院工作的英國精神病學家兼精神分析師約翰・鮑比（John Bowlby）指出，即使孩子們得到了食物、住所、醫療照護，他們也沒有茁壯成長；事實上，許多孩子死亡了。[3]鮑比開始研究怎麼會發生這樣的事，後來瑪麗・愛因斯沃斯（Mary Ainsworth）擴展了他的工作。從他們此後在世界各地經過多次測試的研究中，依附理論帶我們回到一個基本的事實：人類的寶寶天生依賴照顧者的養育。[4]寶寶是建立連繫的機器，就生物學上的設計而言，旨在與主要照顧者保持親近。假使寶寶或孩童沒有茁壯成長，可能並不意謂著他們有問題，反而可能表示，照護環境中的某樣東西缺席了。

正如新生兒需要蛋白質和脂肪才能構建她的大腦和身體，她需要母親的溫暖才能增強自己大腦的社交區。摟抱刺激嬰兒的大腦成長。伴隨被改變、有人餵食、有人背著或抱著而來的千萬次微小互動，也刺激嬰兒的大腦成長。每一個片刻都有潛力建立一份人們等同於愉悅的感受，以及這個世界會是一個令人愉快、安全的地方。母親與嬰兒之間和平、有回應的互動刺激嬰兒腦部的獎賞中樞，活化多巴胺、血清素，以及其他使人生感覺美好的神經遞質。

在寶寶的世界中有越多的依偎，隨著她的成長，她的大腦就越能接受愛和其他快樂的感覺。在她人生的前十八個月當中，她快速成長的感覺神經元，正在默默地向她母親的回應式接近學習。

健康的母親照護增強右腦的發育。右腦是未來常識思維的核心，也是閱讀他人的提示以及培養同理他人感受能力的關鍵。右腦的成長取決於可預測、善解人意的依附時刻。[5] 加州大學洛杉磯分校格芬醫學院（Geffen School of Medicine）人際關係神經生物學教授艾倫・修爾博士把這稱作「體驗依賴」的過程。[6] 因此，母愛就是大腦根本上信任或不信任人際連結的基礎。

學習依附

愛的觸碰和安全的聲音的原始體驗，作為內隱記憶儲存在體內。內隱記憶或奠基於身體的記憶，是我們在外顯記憶或有意識的記憶上線之前，保有世界和家庭相關資訊的方式。外顯記憶讓我們回憶起昨天、去年或昨夜發生的事。我們對內隱記憶的理解來自於心理學家彼德・格拉夫（Peter Graf）和丹尼爾・夏克特（Daniel L. Schacter），他們的發現闡明，我們有時候如何以及為何對早年經驗做出反應卻察覺不到這些經驗的記憶。[7] 無論多少時間過去了，我們的細胞保有很早年經驗的故事，但是內隱記憶卻沒有回憶。

由於我們的邊緣腦區（尤其是處理情緒的杏仁核）在出生時就開始運作，因此最初的人際互動非常重要。即使在嬰兒期，我們也會在內隱記憶中捕捉到對環境的體受感（安全、歸屬感、喜悅、壓力）。內隱記憶是我們先天智力的原始部分，在腦部的高階皮層區域發育之前教導我們關於安全和愛，幫助我們理解現實。從懷孕的最後三個月到寶寶出生後第二年，大腦的體積會翻倍。在這個快速成長期間，寶寶的腦部依賴她的主要照顧者的腦部調節情緒——以此緩解憂傷、感到安全、信任人際的連結。她還無法為自己「思考」。換言之，她需要她的照顧者透過聲音、觸碰、一致性互動，將愛轉譯成寶寶的語言。

鑑於科學告訴我們，小小孩沒有像兒童或成人一樣思考的能力，許多資訊錯誤的育兒專家教導父母，寶寶可能善於操縱，這實在很不幸。操縱是比較高階的思考過程，這時候的寶寶不可能操縱——也不可能操縱多年。哭泣或濫發脾氣並不是努力操縱照顧者——它們是憂傷的跡象以及尋求幫助的信號。發育中的年幼孩童沒有能力自行調節情緒，他們從得到的照顧中學習這點。

本質上，在等待支配邏輯和理性的認知腦區發育之際，寶寶與母親共享著同一顆大腦。與母親或主要照顧者在身體上的接近以及善解人意的互動，支援允許大腦以最佳狀態發育的生物過程。當左右腦半球協同運作時，學習和調節情緒便比較容易。這兩種才能完全仰賴早年的養育和保護，那意謂著，母親本質上是大腦建築師。當我還是年輕母親的時候，當然沒有意識到為母育兒的重要性。當時並沒有這些資訊，而我也還懵懂無知。

依附模式

與早年照護相連的感受被印記在內隱記憶中，於是內隱記憶告知我們獨特的尋求依附的模式。因此，無論我們是否覺知到這點，我們的身體及頭腦都指揮日常生活的故事何去何從。對於這些早年經驗欠缺覺知和接觸，解釋了為什麼人們普遍認為，每一個人都以跟我們同樣的方式社交、連繫、玩耍或工作。我們可能並不理解自己的依附模式和行為多麼獨一無二——直到與我們關心的某人發生衝突，才開始明白。衝突使我們有機會學習新的東西，了解我們如何建立連繫、我們需要什麼、他人如何詮釋我們的行為。但是許多人都迴避衝突中蘊含的智慧，因為我們沒有工具可以理解自己煩惱的心情或強烈的妒忌。我們根本不知道自己為什麼有這樣的感覺。

我們大腦的邏輯部分缺少了早期人格形成（內隱記憶）的關鍵（外顯記憶）。當我們深入了解自己的體受感並關注自己的感覺時，就能更好地掌控自己的抉擇和行為。然而，這個過程需要時間，因為沒有我們成長歲月的外顯記憶，我們如何學習依附和愛人的故事並不容易取得。但是請放心，隨著你更加了解母親照護的基本元素，例如同調和鏡映，你的身體及頭腦可能會開始體認到你在成長時期失去了什麼。雖然承認可能會帶來難以應付的情緒，但是這些令人不快或震驚的感覺使你為療癒和轉化做好準備。

情感上同調

當某人或某事對你很重要的時候，你會全神貫注。關注是你表達欣賞、愛或尊重的方式。關注需要你實際在場以及你的情緒臨在。關注等於在情感上同調。調頻聆聽你最愛的活動或老師或朋友是其中一例，說明什麼事對你來說很重要。同調是你整個自我的全身表達。

在最初三年從主要照顧者那裡得到情感同調的嬰兒，在成長和學習過程中能夠更好地管理和接觸各種情緒。依附研究人員把這些嬰兒稱作「安全依附型」（securely attached）。安全依附型的孩子有快樂的大腦。這並不意謂著他們始終是快樂的孩子，這僅僅意謂著他們的大腦運作良好。

同調是母愛的語言。透過她的凝視、聲音、觸碰，母親教導她的寶寶愛的感受。寶寶很喜愛媽媽的臉。她不在乎媽媽是不是聰穎或美麗，她只希望母親在場。即使寶寶還無法聚焦在母親表情的每一個細節，她也能感受到母親的同調。愛德華・特朗尼克（Edward Tronick）博士主導了說明母親在情感上同調的實驗。[8] 在他現在著名的「面無表情實驗」（still face experiment）中，母親們一開始以熟悉的方式與寶寶互動。我們觀察到他們如何享受彼此，分享聲音、手勢、眼神交流。幾分鐘後，媽媽們得到指示，不與寶寶互動，同時在同一個地方保持面無表情。

媽媽們停止微笑，不再發出聲音。在與沒有回應、面無表情的母親相處了幾分鐘之後，原本喜樂的嬰兒變得困惑而憂傷。他們大聲抗議，竭力想要再次得到母親的關注。普遍來說，寶寶們反覆嘗試與母親重新交流，而母親們依舊面無表情。這樣的互動其實很難觀察到。我們可以看見那份憂傷。彷彿寶寶在說：「發生什麼事情了？你去哪裡了？怎麼了？我需要你啊！」沒有情感上的同調，寶寶無法容忍母親的接近。母親的身體在場並不夠，寶寶需要母親的情感也在場。

還好，在這個實驗中，母親們做出快速的修復（否則這會很殘酷），她們伸手觸碰寶寶、微笑、輕柔低語、安撫那份憂傷。媽媽與寶寶之間的現場示範，讓我們看見溫暖的同調之舞的威力。這些早年的關係功課是安全型依附和未來自我價值的基石。

除了母親的同調之外，我們還可以看見寶寶在面無表情實驗中的韌性和適應力。由於善解人意的安撫，寶寶們迅速地從憂傷中恢復過來。沒有媽媽始終完美地與寶寶合拍合調，媽媽們也不需要如此。但是懂得同調的媽媽不會讓他們的小小孩掙扎太久或太過頻繁。就跟特朗尼克實驗中的母親們一樣，在錯過連結的提示時，她們及時做出修復。

母親與寶寶之間的這種來回交流建立起信任和安全型依附，這對發育中的右腦至關重要。[9]目前的研究讓我們看見，女寶寶滿三個月的時候，便會模仿母親的聲音和表情。[10]紐約州立精神病學研究所（New York State Psychiatric Institute）的心理學臨床教授兼母嬰交流專家碧翠絲・畢比（Beatrice Beebe）博士記錄了：到了第四個月，女嬰沒有面部表情，因為她們的母親沒有面部表情。對於母親經常講電話、因太多其他責任而分心、或母親就是沒什麼表情的女嬰來說，畢比的研究有著深遠的含意。母親的面部表情不僅傳達情緒，而且為寶寶創造腦部的迴路。母親凝視的品質與臨在是這種心理生物學過程的一部分。因此，我們可以理解，缺少母親的同調是一種早年的逆境。

只有愛是不夠的

單靠愛不足以建立安全型依附。共享DNA（去氧核糖核酸）並不能保證孩子感覺到被愛。必須在情感上同調，將愛轉譯成寶寶的語言。事實上，無論年齡大小，我們都會從情感同調中體驗到愛。我們調頻對準我們在意的人——或者至少我們嘗試這麼做。許多人都苦苦掙扎，因為同調並不是自然而然出現的。如果我們小時候沒有被這樣養育過，就需要幫助才能學習如何調頻聆聽我們關心的人。這解釋了超級暢銷書《愛之語：永久相愛的祕訣》（*The Five Love Languages*）何以大受歡迎。在這本書中，作者蓋瑞・巧門（Gary Chapman）

教導成年人如何以伴侶能夠感受到的方式表達愛。巧門解釋，僅僅「相愛」是不夠的。我們必須用伴侶理解的語言來表達愛。既然這對成年人恆真，我們可以理解，對無法理解成人行為的嬰兒和孩童而言更是如此。

同調是母親照護的無形勞動。母親們以許多方式調頻——舉例來說，尋找孩子需要睡眠、營養或安撫的線索。懂得同調的母親觀察什麼使她的寶寶平靜下來。善於養育的媽媽以寶寶喜歡的方式調整她的觸碰。她尋找指出寶寶寂寞或害怕的暗示。當小小孩似乎很滿意的時候，懂得同調的母親便給予孩子空間。對於建立關係而言，這些是強大然而簡單的姿態。同調是一個動詞，也是愛的積極表達。

有時候照顧者擔心，如果對嬰兒的提示回應得太過頻繁或太過快速，他們會寵壞寶寶。但「寵壞」（spoil）的真實含義是讓東西留在架子上腐爛。沒有寵壞寶寶這樣的事，但是這種普遍存在的錯誤資訊卻無處不在。照料寶寶對安慰、食物、觸碰的需求，建立起歸屬感、愛、信任。這些都是基本的人類需求。當這些需求在發育的適當時期得到滿足時，社會化、學習、個體化等後期任務便自然流動。同調建立起健康、強健的神經系統，讓孩子可以認識自己、探索世界、在未來與他人形成快樂的連結。

安全型依附

對寶寶形成安全型依附來說，養育和同調不一定要完美無缺。所有母親在照顧小小孩的時候都會犯下許多錯誤。藉由擁抱、輕輕搖晃、道歉，懂得同調的母親彌補了自然而然犯下的錯誤。透過諸如此類善解人意的修復努力，母親們在離開太久或情緒爆發後與孩子重新建立連結。大自然並不需要完美。孩子們也不需要完美。安全型依附來自於母親與孩子之間可靠的關係來回交流，植入關係可以減輕痛苦的信念。這些早期的關係功課，促使正在發育的大腦系統達成持續的健康和快樂，也創造出安全型依附。

撫養安全依附型的孩子是為母育兒的魔法：一種積極的同調工作以及支持人類的不朽生命之舞編排。

安全型依附讓成熟得以流動。獨立是健康的依賴需求的副產品，那些依賴需求在最脆弱的歲月期間得到滿足。安全型依附就像有一處安全的住所，一個可以稱之為家的情緒場所。與不安全依附型的同齡人相較，帶有安全型依附的孩子往往比較好奇，攻擊性較小。他們能夠對他人展現出同理心，也能夠應對某些困難。安全依附型的孩子終其一生持續與朋友、愛人、自己的孩子形成親近的連繫。

不安全型依附

跟任何人一樣，安全依附型的小小孩在壞事發生時會苦苦掙扎，但他們很快便恢復過來，而且相信在事情艱難時，其他人會幫助他們。但是早年沒有得到適度養育的嬰兒卻帶著內在的憂傷。沒有安全型依附的孩子在長大成人後，其整套神經系統的構建與安全型依附風格的孩子不一樣。隨著身體的成熟，不安全依附型的孩子很難在情感上成熟。不安全型依附可能導致焦慮的症狀。信任他人很困難，聚精會神也很困難。當孩子到了中學的年紀，不安全型依附可能會表現成抑鬱、優柔寡斷、拖延、社交孤立、飲食失調或上癮。依附科學告訴我們，大約五〇%的人口有不安全型依附風格。[11]「母愛飢渴」這個詞描述了不安全型依附的感受——渴求歸屬感、渴求情感，渴求儘管歷經所有心理鍛鍊卻依舊不會消失的安全感。

不安全型依附的跡象

對不安全依附型的兒童和成人來說，情緒憂傷比那些帶有安全型依附的兒童和成人更具挑戰性。因為欠缺早年的養育、不安全依附型的兒童與成人很難與他人好好合作，害怕時會退縮或孤立。與安全依附型的同儕相較，不安全依附型的人們可能會過度依賴，也比較沒有耐心和彈性。記憶是受損的。由於比較不可能結交長期的朋友，不安全依附型的人們與寂寞奮戰著。有些則在衝突期間可能會咄咄逼人。[12]

有不安全型依附的人數很多，因此將這種人類體驗病理化完全沒有意義。事實上，假使我們敢用「病理化」這樣的詞，不安全型依附是可以被視為「正常」。不安全型依附的心理適應（心智健康課題、成癮、其他健康問題）與缺乏支持有關，重點不在於道德缺陷。缺乏支持將使人際連結的大腦迴路受損，轉而強化自我保護的迴路。於是，不安全型依附鋪陳出潛在、持續的寂寞。不安全型依附解釋了許多人的共同體驗——強烈渴求某事或某人來減輕孤立的痛苦。

在外顯記憶、認知、邏輯等高階功能發育之前，母親的安慰和保護缺席可能會形成依附傷害。很難談論我們記不得的事。有不安全型依附的女性描述自己感到沉重、麻木或焦躁不安，卻不知道為什麼。與抑鬱、心情惡劣或廣泛性焦慮等症狀奮戰則屢見不鮮。「三級母愛飢渴」（我們將在第八章討論）與「雙相情緒障礙」（bipolar disorder）和「邊緣型人格障礙」（borderline personality disorder）共有相同的症狀。母愛飢渴清除掉圍繞著這些症狀的困惑，照亮這些症狀底下的內在心碎。

帶有安全的母親連結的女性，無法理解伴隨母愛飢渴而來的絕望和羞恥感。這並不是因為她們缺乏善意或沒有悲慟期——安全依附型的女性根本沒有母愛飢渴感。那對她們來說難以想像。人生艱難時，她們融入母親的溫暖，而且她們一起歡慶快樂時光。需要的時候，她們尋求幫助。安全依附型的女兒與母親分享里程碑和其他喜悅，無論是結婚、升職、簡單的食譜或寶寶出生。母女之間持續不斷的互動，依舊是人生中親密且有持續重大影響的部分。

另一方面，不安全依附型的女性無法體會溫暖的母女關係。她們很小的時候就學會了在害怕或悲傷的時候不要靠近母親——有時候甚至是在她們快樂的時候，因為她們知道，喜悅可能會威脅到情緒脆弱的母親。這些女性回憶起使她們感到需索無度和羞愧的綽號，彷彿她們耗費母親太多心力。某些人談到，需要擁抱時，她們卻被推開。其他人則對母親的需索無度感到不堪重負。

假使沒有健康的母親養育，小女孩可能會在成長過程中帶著隱性而具體的孤獨感，而且自責「那是我的錯」。像這樣的想法造成羞恥感，一種自我厭惡感，妨礙自我照護、健康的關係、真正的喜悅時刻。羞恥感覺就像上了鎖的籠子。珍・貝克・米勒（Jean Baker Miller）醫師提出了「被譴責的孤立」（condemned isolation）一詞來描述這種孤立和羞恥的經驗。[13]《你的共振自我》（*Your Resonant Self*）作者莎拉・佩頓（Sarah Peyton）稱之為「擔驚受怕的孤獨」（alarmed aloneness）。[14] 有許多名稱捕捉到羞恥和孤立的極度痛苦，這個事實顯示，你不是唯一與這種痛苦奮戰的人。

在多年的實務中，我還沒有治療過安全依附型的女性有母愛飢渴問題。但是我有許多機會探索不安全型依附的多樣性。不安全型依附大致分為兩類：焦慮型（anxious）或迴避型（avoidant）。我們將在此涵蓋這兩種類型。紊亂型依附（disorganized attachment）是一種豐富而複雜的類別，有時候被稱作「恐懼型迴避依附」（fearful avoidant attachment），它時常被忽略或遭誤解。基於這個原因，我將在第八章更全面地介紹紊亂型依附，因為它適用於「三級母愛飢渴」。

在概念化人類的行為時，依附風格的類別很有幫助，但是請記住，它們是基於研究目的而創建的，不是為了給我們貼標籤。學習和理解依附的不同細微差別只是為了你自己的覺知。當內隱記憶突然間有意義且可以進入大腦中使你觸及邏輯和改變的部分時，覺知便帶來靈光乍現的頓悟時刻。這就是你重寫療癒故事的方式。

當我們回顧迴避型和焦慮型依附時，了解沒有人完全符合任何一個類別會很有幫助。事實上，你的依附風格可能會隨著你與誰的關係而波動。

迴避型依附

帶有迴避型依附的孩子在很小的時候就學會關閉自己的感覺，大多數這樣的孩子會與人建立情感的空間，作為一種防禦措施——避免被拒絕或窒息的一種方法。作為成年人，帶有迴避型依附的女性往往是線性思考者。討論情緒或感覺讓帶有迴避型依附的人們非常緊張。這種依附風格時常被稱作「不屑一顧」（dismissive），因為在關閉自己的感覺的過程中，我們很難真實體會到他人的感受。

我發現，迴避型依附主要以兩種方式發生：

母愛缺失：主要照顧者經常無法回應。她太早、太過頻繁地拋棄子女，留下尚未修復的分離憂傷，損害了早年的連繫建立。養育上的缺席需要孩子放棄努力接近母親。如果沒有其他人來安撫孩子的憂傷，迴避型人格結構便開始成為一種方法，關閉人類的安慰需求並容忍無法容忍的事。

母愛泛濫：主要照顧者令人窒息。對嬰兒來說，母愛泛濫其實並不是課題。大量的養育比養育不足好。但是遲早，得到泛濫母愛的女兒很難從正在吞噬自己的母親那裡得到空間。在臨床上，我們稱這種現象為「糾纏」（enmeshment）。當母親對陪伴和肯定的需求淹沒孩子的自主和照護能力時，糾纏就會發生。這種角色互換要求女兒要養育母親，而不是母親養育女兒。

「糾纏」是一種陰險的忽略，它是養育的反面。作為青少年和成年人，陷入糾纏的女兒很困惑自己對看似非常「和善」的母親何以有憤怒和挫敗感。治療師可能會糊里糊塗地輔導女兒要更有耐心，對這些女兒們背負的沉重負擔視而不見。因此，陷入糾纏的女兒所感受到的憤怒被忽略了，而且可能會轉變成抑鬱。沒有適當的介入，這些女兒們便失去證實的機會，體認不到，她們的憤怒是一個朋友輕拍肩膀，要她們注意有什麼不對勁。我們將在第七章更仔細地探討這種母女糾纏。

迴避型女性最初可能非常迷人，給人的印象是她們在情感上很投入。通常，這是一種習得的行為，而不是人在心在的衡量標準。作為成年人，迴避型女性時常因為最親近的同伴而感到窒息或被困住。多數人在電梯內或地鐵上對陌生人採取的疏遠行為，是迴避型女性的預設姿態。不知不覺中，她們的肢體語言和面部表情傳達出滾開或別理我的態度。

帶有迴避型依附的女性很容易錯過與他人建立親近的提示，當身旁的人需要一再保證時，她們感到挫敗，評斷對方需索無度又低等自卑。評斷是一種心理適應，遮蔽底下脆弱的依附傷害。這種自我保全策略創造出一種虛假的權力感，打亂任何關係中的平衡。因為這些迴避型策略是原始的隱性適應，應對難以忍受的情緒痛苦，所以它們多半是無意識的，當朋友或伴侶指出時，便為這些女性帶來困惑。

由於我們生活在重視獨立而不是交互依靠的文化中，帶有迴避型依附風格的女性經常因其成就、抱負、力量而受到肯定。她們通常感覺起來比其他人強大。冷靜的性格、迷人的機智或超級活躍的人格，可以對自己和任何親近的人隱藏深度的不安全感。

帶有迴避型依附風格的女性通常被比較焦慮依附型（且對關係較為投入）的對象所吸引，後者不自覺地企圖維持掌控權以及一切順利的幻相。這是何以迴避型依附的女性問都沒問，對親近的需求便得到了滿足。要求連結需要脆弱，而對於帶有迴避型依附的女性來說，情感上的脆弱是不可容忍的。

迴避依附型的女性相信她們其實比實際情況更堅強、更獨立。她們很容易無聊，於是利用朋友和伴侶產生能量和活動，使她們不斷參與。基於這些原因，帶有迴避型依附的女性可能需要很長的時間才能確認「母愛飢渴」。對迴避依附型的女性來說，通常需要一次危機才能觸及她的悲傷和脆弱。重大損失的威脅，例如對她真正重要的關係或就業機會，觸動了她對被遺棄的深度恐懼，於是導致可能會鞭策她走向療癒的雪崩式悲傷。

焦慮型依附

與迴避依附型的女性不同，帶有焦慮型依附的女性知道她們的關係模式出了問題。她們通常對自己的情感需求感到羞愧。當文化貶低關係和連結時，焦慮依附型的女性在試圖與他人建立連繫之際，常被貼上需索無度、黏人或依賴的標籤。事實上，焦慮依附型的女性渴望得到難以滿足的親近。不過，這不是病態，只是一種母愛飢渴。

當母親沒有以可預測的方式與女兒同頻時，焦慮型依附就會發生。難以表達愛或經常出現無法解釋的情緒波動的母親培養出焦慮的女兒。過度死板和完美主義的母親也可能會培養出焦慮的女兒。對孩子的自然需求感到不知所措的母親，其面部表情和肢體語言可能會使女兒感到受傷和羞愧，留下「我惹人愛嗎？」的問題。

作為成年人，焦慮依附型的女性欠缺與自己和他人自在相處的內在結構。她們渴望與朋友和伴侶親近，但卻容易嫉妒也容易發怒。她們適應了剝奪，了解到愛的供應有限。她們的情緒強度有時候看起來就像處於抗議狀態（濫發脾氣）的寶寶或幼兒：哭泣、尖叫或噘嘴，為的是拉近某人。焦慮依附型的女性在發現被遺棄的時候，可能會暴怒、噘嘴、挨餓或尋求報復，即使是被自己的女兒遺棄。

帶有焦慮型依附風格的女性跟其他人一樣需要自主權，但是她們感覺不到。對她們來說，獨處是折磨，而「修復式孤單」（restorative solitude）的概念難以想像。

改變是有可能的

雖然每一個人都有某種主導的依附風格，但是我們可以根據自己處在哪一種特定的關係中而稍微改變一下。舉例來說，即使你天生在關係中迴避，但是如果你的摯友需要許多獨處的時間，你可能會體驗到困惑或與她相處沒有安全感。同樣地，如果你認同焦慮型依附，那麼在與同樣帶有焦慮型依附風格的另一個人的關係中，你可能會感到窒息。

無論你帶有什麼依附風格，都很有可能創造出研究人員所謂的「爭取而來的安全型依附」（earned secure attachment）。換言之，你可以改變你的依附風格。隨著重建和取回你原本沒有的母性元素，你可以建立起新的安全感。療癒的努力改變神經的健康，填滿早年的連結應該要出現的地方。正如定期鍛鍊使你的身體有力氣，努力重建養育、保護、指引以增強你的大腦。爭取而來的安全感需要有意識的努力，何況你現在正邁出最重要的一步：懂得覺知。

許多女性在治療師的幫助下爭取到安全感。有些人在好友、伴侶乃至寵物的支持下建立內在的安全感。根據你的母愛飢渴的嚴重程度，強化你的依附風格的成分會有所不同。你可能會對線上版的「親密關係體驗量表」（Experiences in Close Relationships Scale）感興趣，可以更仔細地檢視你的依附風格（網址：openpsychometrics.org/tests/ecr.php）。我們將在第九章全面探討療癒是什麼模樣，但是有幫助的做法囊括在這整本書之中。

在下一章，我們將會探討母親養育的基本元素，它對我們如何發展依附風格以及我們是否知道愛的感覺有著巨大的影響。

第3章

母愛的三個基本元素：（一）養育

養育是寶寶需要從主要照顧者那裡獲得的第一個基本元素，為的是建立人生的安全基礎。養育是非語言的語言，告訴新生兒，我愛你而且我在這裡。韋氏詞典將「nurture」（養育）定義成「關心且鼓勵某人或某事的成長或發展」。這個字來自拉丁文 nutrire，意思是「吸吮」和「滋養」。我喜歡將養育視為「哺育」。哺育（nursing）意謂著照顧依賴的某人的需求。或許這解釋了為什麼我們通常將養育與女性聯想在一起，因為我們可以哺乳我們的嬰兒；不過，男人也可以養育寶寶。男人和女人都有促進連繫行為的催產素受體。

若要理解「母愛飢渴」如何開始，且讓我們更深入地探究「養育」（nurturance）一詞的含義。

- 養育是嬰兒和她的主要成人之間有所回應的照護的品質。
- 養育是觸碰、擁抱、餵食、安撫、梳理、回應。
- 養育是愛的語言；嬰兒的大腦經由感覺到的人事物學習。
- 在最初一千天中，養育至關重要，此時寶寶的大腦正在經歷最快速的生長。
- 養育是安全型依附和腦部健康的基礎。

● 養育是所有哺乳動物的基礎。從出生那一刻開始，各種身形和體態的母親便摟抱、舔舐、輕推、哺育她們的幼子。

出生時，寶寶就知道母親的聲音，而且偏愛母親的聲音勝過其他聲音。雖然她認得其他熟悉的聲響和聲音，但是羊水已經蒙住寶寶九個月了。這些為寶寶與母親聲音的清晰連結奠定了背景。在生命的頭一千天中，來自母親的早期養育決定了新生兒的情感、心智、身體發育將會如何展開。「分娩的類型和過程、與母親肌膚的親密接觸、母乳餵養，以及家庭提供的情感養育、保護、刺激，使這些妊娠過程在出生後持續著。」[1]

養育是道魔法

出生後的溫柔時刻和月分非常關鍵，因此嬰兒專家將這稱作「第四孕期」（fourth trimester）。在第四孕期（緊接在分娩之後的三個月），媽媽和寶寶需要放慢生活節奏。這段溫柔的時間應該被視為懷孕的一部分，因為嬰兒的大腦正以驚人的速度生長——而養分是來自母親的養育。

對母親和孩子來說，在嬰兒離開子宮後的最初九十天期間，眼神交流、肌膚接觸、互聞彼此的氣味，都會強化連繫激素的產生，從而塑造雙方的大腦。觸碰在這段期間非常重要，因此耶魯大學兒科醫師馬修・格羅斯曼（Matthew Grossman）醫學博士，改變了他對出生時依賴鴉片類藥物的寶寶的照護標準。他不用嗎啡治療以及讓寶寶獨處（這是傳統的照護標準，可能需要幾週時間），而是讓寶寶靠近母親，允許肌膚的接觸，以此安撫戒斷過程。由他照顧的寶寶比接受藥物治療的寶寶更早出院。[2]

在寶寶出生後的幾個月中，媽媽與寶寶墜入愛河。肌膚的接觸促進催產素（有時候也被稱作愛的激素）。這是大自然為人類生存所做的設計。對某些人來說，這樣的連繫可能發生在一瞬間；對其他人而言，隨著時間的推移，它溫和地逐漸建立起來。[3] 在第四孕期或母嬰熱戀階段，媽媽與寶寶之間的分離是有風險的。對寶寶來說，早早失去母親的接近，被編碼成某種深度的威脅。與母親分離是新生兒壓力的主要原因，可能會表現成心跳加快和血壓升高以及血液中的血氧濃度降低。[4]

父母用吊帶背著或抱著小小孩不只是在做時尚的宣言，它們更是產生催產素的工廠。兩者之間越常觸碰和親近，產生的催產素就越多。研究顯示，經常被觸碰的嬰兒，其大腦比沒有被觸碰的嬰兒更大、更好。催產素在母親體內製造某種生物反應，那可以幫助降低焦慮以及減少忙碌的需求。催產素幫助母親想要與嬰兒互動以及滿足嬰兒的需求。大自然設計了建立連繫，為的是讓我們感覺美好並放慢腳步。在諸如哺乳、分娩、擁抱、性高潮等時刻，催產素淹沒我們。這些是因寧靜而得到增強的時刻，是為了建立連繫而設計的時刻。催產素幫助情侶在性接觸後留戀磨蹭。催產素使媽媽們只想抱住寶寶、願意讓別人打掃她的廚房。[5]

不幸的是，許多人並沒有覺察到這種了不起的激素或如何充分利用它。經常將寶寶放在嬰兒床或嬰兒搖椅內而不是抱著寶寶的新手媽媽們，可能會錯失掉大自然的魔法連繫配方。善意的工作人員或家人將母親與寶寶分開，「讓母親可以好好休息」，那正在擾亂這種關鍵的連繫激素。只允許母親休假六週不上班的政策對這個連繫過程來說是災難。媽媽與寶寶需要盡可能地長時間保持彼此親近——在神經激素的保護膜之中。新生兒熱戀期很像浪漫愛情的初潮，它提供一個更大的目的：要牢固地連繫這兩者，為最初三年的最佳依附奠定基礎。

在最初的幾個月和幾年中，主要照顧者需要大量的支持。換言之，母親們需要為母育兒。對於主要照顧者需要多少支持欠缺理解，會使母親和孩子處在危險之中。傳統上，女性會得到我們社群中其他女性的支持；不過，在現代世界中，我們往往得分散且相隔遙遠，因此這類支持現在很少見。產後陪護是一種方法，可以緩和這個令人不知所措的時期。當有人專門負責供給食物給母親、照顧其他家庭成員和做家務，母親就可以聚焦在建立連繫。

除了催產素之外，在分娩後，新媽媽的腦下垂體還會釋放催乳素。催乳素是產奶的激素。每次寶寶吃奶時，乳頭受到刺激便釋放催乳素——帶來愛、奉獻、放鬆的強烈情緒。嬰兒的吸奶也刺激為母親帶來滿足感的激素。在寶寶體內，這些相同的激素幫助消化。[6]

寶寶知道他們需要吸吮多少的奶。有時候這與飢餓有關，有時候則是尋求安慰。基於這個原因，我偏愛「哺育」（nursing）這個詞勝過「哺乳」（breastfeeding）。哺育是養育。哺育包括摟抱、目光接觸、輕輕搖晃、唱歌、奶瓶餵食；使催產素流動且允許連繫和依附取得進展的任何東西。

哺育或哺乳的科學很驚人，但是不要搞錯了：它可能很艱難。哺乳的某些挑戰——乳管堵塞、欠缺支持或含乳困難——使哺乳難以堅持下去。能夠哺育的母親需要時間、耐心、支持，才能學會如何調頻聆聽由寶寶引導的提示。感覺要完成其他職責或重返工作崗位的壓力，會威脅母親和嬰兒所需要的關鍵連繫過程。

向動物學習

嬰兒照護應該是出自本能，不幸的是，沒有得到適度養育的一代代女性難以觸及大自然的設計。現代育兒專家也幫不上忙。許多人在誤導父母，所提出的策略將使寶寶與兒童可能面臨不必要的逆境——尤其是過多的母嬰分離。為了抵制糟糕的指引，我們可以從研究動物學到許多相關的嬰兒照護資訊。研究人員和科學家們研究小鼠、大鼠、草原田鼠、綿羊、猴子，以及其他大腦結構與我們類似的哺乳動物，以此更好地理解我們對母性歸屬和保護的原始需求。

人類的寶寶跟其他哺乳動物一樣，運用聲音、氣味、觸覺來辨認自己的母親，而且偏愛母親勝過其他任何人。母性哺乳動物待在自己的幼崽身邊、保持幼崽乾乾淨淨、保護幼崽免於受傷。除非母親遇到可怕的事，否則不會留下動物寶寶獨自哭泣。

麥可．J．米尼（Michael J. Meaney）對母鼠及其幼崽的研究顯示，後代深受母親照護的影響。當大鼠媽媽經常舔舐和梳理幼崽時，基因便啟動，保護這些小小動物免於未來的壓力。這種早年的母性保護持續到成年期。不過，當寶寶的這類照護被剝奪時，相同的基因便保持休眠狀態。[7]因此，早期的母親照護永久地改變調節壓力反應的大腦區。米尼的研究反映了世界衛生組織（World Health Organization）針對早期照顧者對嬰幼兒生長發育之重要性的調查結果。[8]

米尼的研究對於理解連繫障礙如何在母女之間代代相傳具有重大的意義。他發現，早期的母嬰分離阻礙了雌性幼崽未來養育自己後代的能力。被舔得越多、哺育得越多的母親的寶寶，不僅表現出顯著較強的壓力應對能力，而且她們也以同樣的方式養育自己的寶寶。米尼的結論解釋了為什麼在母親的愛中感到安全的女性本身，更有可能擁有安全的嬰兒，以及一輩子享有穩定的友誼和浪漫關係。

針對幼兒被安置在機構中會發生什麼事所做的研究，也提供強而有力的證據，證明善於支持的穩定照顧者與兒童的關係，對幼兒的健康及其認知和社會發展有多重要。團體照護中的幼兒往往無法茁壯成長；他們容易生病，他們要求關注，而且他們發現很難與其他兒童建立正常的同儕關係。[9]

研究顯示，對嬰兒的生存來說，具養育作用的觸碰可能跟食物一樣必要。許多人可能熟悉哈利・哈洛（Harry Harlow）的著名恆河猴實驗。[10]哈洛將猴寶寶從母親身邊挪開，而且將牠們分成兩組：一組得到一位有奶瓶的鐵絲替代媽媽。另一組則得到一位裹著軟布且有奶瓶的替代媽媽。無論是否餵食，猴寶寶都花較多時間跟柔軟的母親在一起。哈洛試著把奶瓶從布媽媽身上移走，看看猴寶寶們會不會比較喜歡仍舊餵奶的鐵絲媽媽，可是餵完奶後，猴寶寶們又回到柔軟的替代媽媽身邊。哈洛的研究也揭示，猴寶寶依賴柔軟的布媽媽獲得安慰。如果「她」在場，猴寶寶便好奇而滿足。然而，當布媽媽被移走時，小猴子們僵住了，蜷縮成一團，吮吸著自己的拇指。

表觀遺傳學的影響

紐約西奈山醫院（Mount Sinai Hospital）創傷壓力研究主任瑞秋・耶胡達（Rachel Yehuda）醫師發現，大屠殺倖存者的孩子與其父母和祖父母有相同的創傷後壓力症狀。[11] 耶胡達還發現，在紐約世貿中心襲擊事件發生後，患有創傷後壓力症候群（PTSD）的母親所生的寶寶都有毒性憂傷症狀，例如容易被嘈雜的噪音和不熟悉的人們干擾。[12] 由於多數表觀遺傳學的傳遞屬於母系，這項研究幫助我們理解母親的情緒可以如何影響她的孩子。根據史丹福醫學院（Stanford Medical School）研究人員兼學者布魯斯・利普頓（Bruce Lipton）的說法，「母親的情緒，例如恐懼、憤怒、愛、希望等等，可以在生物化學上改變後代的基因表達。」[13]

利普頓與耶胡達的研究對於理解「母愛飢渴」深具意義。即使你的母親非常希望能夠養育、保護、指引你，她尚未治癒的焦慮或破滅的希望也可能在你的靈魂上留下印記。你可能會帶著從你母親或祖母開始的悲傷或憤怒。「當你祖母懷上你母親五個月的時候，你發育所需的卵子前體細胞已經存在你母親的卵巢內。這意謂著，甚至在你母親出生之前，你母親、你祖母、你們最早的痕跡全都在同一具身體內。」[14]

表觀遺傳學（Epigenetics）指的是基因表達的修改，而不是實際遺傳密碼的改變。[15]文化、飲食、生活方式可以改變基因表達。基因改變從母親傳遞給女兒，再傳遞給孫女，而且適應環境。因為你的親生母親是你的第一個環境，如果她有壓力、情緒矛盾、不知所措，或背負著她自己尚未治癒的創傷，你可能在人生經驗教導你這種感覺之前，就已經遺傳了焦慮和畏懼的感覺。[16]

夜間育兒

有一個原因讓母親渴求自己的寶寶：親近確保嬰兒存活的最佳機會。這是我們哺乳動物的大腦和身體在起作用。沒有足夠時間與主要照顧者相處的寶寶脆弱易受傷。套用愛麗卡．柯米薩的簡潔話語來說：「我們否認母親對其孩子非常具體且特殊的身體和情緒角色，尤其是在我們企圖保持現代的過程中，這並不符合孩子的最佳利益及其需求。」[17]

關於嬰幼兒的需求，尤其是睡眠，母親們被誤導的建言轟炸。對嬰幼兒來說，睡著是分離的時刻，而且必須這樣被理解。自從人類打獵和採集以來，嬰兒並沒有改變，但是我們的現代世界不知怎地卻期待寶寶們長時間單獨睡在嬰兒床內。直到最近，支持在睡眠期間讓媽媽和寶寶保持親近的科學才得到認可。[18]我們正在學習或重新學習嬰兒睡眠以及寶寶頻繁醒來很正常。寶寶的設計旨在感覺母親的身體就在旁邊才能感到平靜，以及避免身體在感應到危險時釋放不必要的激素。餵食母乳的寶寶得益於整夜頻繁餵奶，所以寶寶們離媽媽越近，頻繁餵奶對雙方來說就越容易。

對寶寶來說，與母親的身體分離意謂著危險。太多父母沒有意識到，對依賴的新生兒而言，分離幾個小時可能造成多大的傷害。[19] 愛麗卡・柯米薩詳細解釋了母親與孩子持續長達六個月或一年睡在彼此身邊的好處（在同一個房間內或同一張床上，在彼此的感官認可範圍內）。柯米薩說，夜間的安全保障甚至比白天的安全保障更重要——尤其是當母親一整天都不在的時候。[20]

威廉・西爾斯（William Sears）醫師在他的著作《親密育兒法》（*Nighttime Parenting*）當中，解釋了寶寶的睡眠方式為何與成人不同。小小孩的設計是為了生存，所以很容易為了與母親一起共同調節自己而醒來。西爾斯解釋，獨自醒來的嬰兒會因為尋找母親而感到驚嚇。腎上腺素和心跳速率增加導致哭泣和難以再次入睡。西爾斯解釋，同睡的嬰兒很少在夜間哭泣，夜間焦慮也比較少。比起嬰兒時期獨自睡覺的成年人，他們在成年以後較少體驗到睡眠障礙。

濫用酒精和尼古丁的兒童照顧者除外，寶寶透過夜間與父母之間的親近建立強健的生理機能。舉例來說，由於新生兒無法調節自己的體溫，所以與父母同睡的寶寶體溫比較穩定。此外，父母呼出的二氧化碳刺激寶寶的呼吸模式，與獨自睡覺的寶寶相較，睡在母親身邊的嬰兒較少呼吸暫停。聖母大學（Notre Dame）嬰兒睡眠研究員兼《安全的嬰兒睡眠：專家解答同睡問題》（*Safe Infant Sleep: Expert Answers to Your Cosleeping Questions*）一書作者詹姆斯．麥肯納（James McKenna）博士與西爾斯醫師都指出，在與父母同睡為常態的國家，嬰兒猝死綜合症的發生率較低。[21]

麥肯納博士指出四千五百萬到六千萬年的靈長類動物進化，並提到，當前的「歐美嬰兒照護實務，以及我們的嬰兒適應這些實務的能力……顯示我們目前太過要求嬰兒的適應力（而且實際上是母親的適應力），對短期生存和長期健康造成有害的後果。」[22] 麥肯納博士解釋，聲稱同睡不安全的當局的建議，奠基於不負責任地處理寶寶夜間照護的少數父母。這就好比說，因為某些人無法管理他們的信用卡，就應該誰都不許擁有信用卡。在他看來，在提出睡眠建議時，忠誠、細心的父母被漠視了。麥肯納博士的指導方針說明，房間共享可以是一種安全、簡單的共同睡眠形式，因為主要照顧者和嬰兒保持在彼此的感官範圍內。[23]「這種共同睡眠對所有家庭來說都很安全，而且在我看來，這會是首選且預設的睡眠安排，對非母乳餵養的嬰兒來說尤其如此。」[24]

顯然，嬰兒與照顧者周圍的物質和社會條件決定了同睡的風險或益處，以及要嘗試哪一種同睡（強調「嘗試」，因為學習讓每一個人如何一夜好眠是需要創意和實驗的過程）。許多專家贊同，共享睡眠空間有益於連繫建立的過程，這可以解釋為什麼西爾斯醫師發現，接受夜間育兒的父母培養出自尊心較高、焦慮較少、容易培養感情、獨立性較高的孩子。

分娩是道門戶

對女人來說，分娩是深邃的經驗，打開了通向更深層的自己的心靈門戶。如果女人與親生母親的早年經驗偏正向，那麼在她帶來新生命之際，喜悅的感覺可能會滿溢她的身體和大腦。她在心理上和生物學上都做好了建立連繫的準備。

對於體驗過早年照護不當或有害的女性來說，發生的事情可能恰恰相反。當女性分娩時，杏仁核（負責調節恐懼回應和壓力的大腦區）自然而然地啟動。它上線且保持在線的狀態，好讓媽媽警覺到寶寶的需求。帶有尚未治療的母愛飢渴的女性原本已經過度警戒，對她們來說，這種增加的杏仁核反應，可能會在早期建立連繫的歲月引發一連串恐慌，嚴重危害母親的心智健康。這些女性脆弱又沒經驗，在陪伴新生兒的初期往往寂寞、絕望、無聊的體受感增強。黑暗情緒和過度警覺妨礙建立連繫，甚而揭開母親自己早年人生的故事。

分娩本身也可能對母親和寶寶造成創傷。在醫院裡，養育可能會脫軌，因為醫療急救需要提早將母嬰分離。當這種情況發生時，可能會出現餵食困難，於是這為本已脆弱的時期增添壓力。對於出生創傷的詳細探討超出了我們談話的範圍，但我一定會注意到，當分娩過程有創傷時，產後憂傷會加劇。

此外，當新媽媽與自己的母親疏離或自己的母親不具支持作用或已經離世，產後憂傷可能會逐步升級。就這些案例而言，這場重大事件中最重要的安慰來源丟失了。在我看來，未經辨認和未被治療的母愛飢渴，可能是產後抑鬱和焦慮的主要原因。

母嬰分離

在懷孕過後的三個月期間，母親們體驗到強烈的情緒，這些伴隨著哺乳期、分娩後的恢復期、母親身分的所有許多改變而出現。在這段期間，緩解母親焦慮和憂傷的最佳療法之一，就是與自己的嬰兒在身體上保持親近。肌膚與肌膚的親密接觸，促進安撫和調節媽媽與寶寶的激素，緩解他們的焦慮和壓力。與嬰兒分離的母親錯過了增加乳汁供應以及促進放鬆的關鍵肌膚接觸。

在這段期間，額外的照護和支持對寶寶和母親來說都是必不可少的，這樣他們才能盡可能地有許多時間在一起。其他孩子的競爭需求、財務壓力、工作日程、醫療緊急情況、不具支持作用的伴侶，可能促使母親與她的新生兒之間有過多的分離，干擾早期的連繫建立以及持續的依附需求，對雙方身心造成終生的後果。

是什麼構成過多的分離呢？關於母嬰分離，愛麗卡·柯米薩的見解很有意思：

> 年幼孩子最痛苦的時候是媽媽來來去去。寶寶需要來自母親的安全感、前後一致、可預測性，尤其是在過渡時期，譬如說，醒來時，小睡前和小睡醒來，往返日托或學前班；從玩耍時間切換到洗澡時間，從洗澡時間切換到晚餐時間，從晚餐時間切換到就寢時間。[25]

主流文化賦予外出工作的價值高於為母育兒，這讓女性在如何最好地兼顧兩者的時候左右為難。關於優先事項、如何管理遠離孩子的時間，乃至如何讓孩子感到自豪，母親時常感到困惑。這完全可以理解，重要的是，讓早年時間不受這個思維過程影響。小小孩只想要媽媽在身邊，他們並不關心媽媽的履歷。

可以肯定地說，經常造成嬰兒憂傷的分離是有問題的。當嬰兒習慣了母親的心跳聲音時，什麼都無法讓嬰兒準備好獨自待在嬰兒床內。寶寶不明白媽媽需要出差或媽媽答應了爸爸今晚的約會。當寶寶與母親分離太久時，除非有善於養育的熟悉照顧者可以代替媽媽，否則原始的大腦便標記有威脅。而且嬰兒的大腦會從它的感覺中學習。沒有母親的寶寶可能會感覺到具威脅性的失落，那藉由釋放腎上腺素快速啟動寶寶的神經系統。哭泣、顫抖或尖叫，是憂傷的寶寶體內腎上腺素過多的跡象；這是嬰兒處在戰鬥或逃跑的狀態。戰鬥或逃跑激素不適用於嬰兒。但是與熟悉的懷抱長時間分離，會啟動這些強大的神經化學物質。

某些專家警告父母，哭泣的寶寶正在操縱他人，那是曲解了醫學。像這樣的無知可以說明大量成年人之所以有不安全型依附的原因。「我們人類平息憂傷的最自然方式，是被觸碰、擁抱、輕輕搖晃。這……讓我們感覺完整、安全、被保護、掌控全局。」[26]鼓勵父母留下寶寶與孩童獨自一人自我安撫，根本違背了大自然的設計。我們是為了連結而生的。自我安撫是一種高階技能，它之後才出現且在連繫牢固之後自然而然地流動。當母親與照顧者欣然接受養育的力量以及早年的重要時機時，他們的情緒和身體臨在便建立起安全型依附，填補母愛飢渴可能會滋長的空間。

重拾養育

只要準備就緒，你可以隨時開始療癒「觸碰剝奪」（touch deprivation）。想像一下，你小時候希望母親如何觸碰你。她會撫摸你的頭髮嗎？可能會替你抓背嗎？也許你會希望她安靜地坐在你的腳邊或身邊。你可以練習溫暖的自我觸碰，以此安撫和重拾失去的母親養育。

我發現從靈氣（Reiki）開始很有用，尤其是當你不確定是否要做這樣的事的時候。如果你自己的觸碰過度刺激，請嘗試使用輕型頭皮按摩器或乾的刷子輕輕移動，直到你對定期自我養育感到比較自在為止。

有一種靈氣練習，可以在夜晚上床睡覺時或當你有時間和空間感覺安全的時候嘗試。

開始時，坐下或躺下，搓揉雙手，直至你感覺到來自體內能量產生的溫暖為止。等待某種刺刺麻麻的體受感。當你擁有那樣的體受感的時候，將雙手放在頭頂的位置，輕輕地懸停在你的頭骨上方或觸碰你的頭骨。在那裡等待，同時刺刺麻麻的感覺像雨水一樣落在你的頭上。好好享受這種體受感。注意頭頂的溫暖。

當雙手中的溫暖冷卻下來時，再次搓揉雙手，然後將雙手手掌停在你閉著的眼睛上。雙手輕輕觸碰眼睛，一手覆蓋一眼。好好感覺那份溫暖。它比你頭頂的溫暖強烈還是微弱呢？當那股能量冷卻時，繼續將雙手移到頸部和喉嚨區。注意你的脖子對你的雙手的溫暖有何回應。你感覺到什麼情緒正在冒出來嗎？

不知道確切地將雙手放在哪裡可能會感到尷尬。別擔心……這是練習；它不需要完美。如果你是視覺學習者，克利夫蘭診所（Cleveland Clinic）提供了一張有用的示意圖，說明靈氣位置的順序。

你可以繼續沿著脊椎向下，將雙手放在腹部上，然後是你的骨盆，當你關注自己時，注意來自每一個脈輪的情緒。你可能會想哭。你可能會感到平靜。你可能會還沒做完就睡著了。注意你是否對這個練習感到惱怒或厭煩。好好收集這類資訊。只要可以，就繼續嘗試每次小量的自我觸碰。隨著時間的推移和練習，你可以改變身體對觸碰的回應，也可以降低對不健康的替代品的強烈渴望。

第4章

替代的安慰

當母親的照護不在或受到損害時，會發生什麼事情呢？缺失的母親照護需要替代品——可以接任作為主要照顧者的某人。一旦有善解人意且值得信賴的替代照顧者，例如伴侶、全職褓母或祖父母，即使母親不在，嬰幼兒也可以從關係的安全中受益。但是如果沒有能夠滿足養育和保護需求的成年人，那麼有適應力的小小孩就必須獨自在子宮外應對隨著生活而來的憂傷改變。他們找到其他感到安全的方式，即使實際上並不安全。他們安慰自己。他們找到替代品，代替缺失的母愛。套用冥想老師、作家兼心理學家塔拉・布拉克（Tara Brach）的話：「當我們有未被滿足的需求時，我們天生會以另外一種方式滿足它們。」[1] 多數時候，填補受損的為母育兒的人格和行為適應發生在很小的時候，因此沒有人注意到。因為過著忙碌的生活，善意的父母可能會錯失了寶寶正在學習不信任人際連結的跡象。

什麼是「好」寶寶？

不哭不鬧的寶寶往往被稱作「好」寶寶。「好」寶寶睡一整夜，不打擾他們的照顧者。聽到父母這樣說，我很難過。睡眠模式與究竟是「好」寶寶或「壞」寶寶無關。嬰兒的哭聲並不是性格不好的跡象。生物學給哭泣加油，為的是拉近照顧者——寶寶哭泣，因為這是他們交流的方式。溝通是建立連繫的核心，而建立連繫是生存的核心。

雖然有些寶寶天生具有平和或安靜的氣質，但認為「好」寶寶就是安靜的寶寶的想法既蒙昧無知又極不友善。期待寶寶在不需要母親的情況下睡一整夜是不幸誤解了嬰兒的發育和父母的回應。雖然許多新生兒在最初的四到六週內經常睡覺，但是隨著他們適應了子宮外的生活，大多數寶寶會比較常哭鬧，於是需要更多的支持才能入睡。寶寶的設計並不是睡得跟成人一樣。他們經常醒來尋找食物或安慰，那是自然而然的。沒有任何訓練，寶寶累了便入睡。睡眠，就跟飢餓一樣，是自然而然的。

寶寶肚子餓或寂寞時便哭泣。哭泣的時候，她體驗到心跳迅速增加以及腎上腺素的釋放。[2] 腎上腺素有助於啟動自然界的「戰鬥或逃跑」反應。在成年人身上，這看起來就像開車去餐館、在冰箱裡覓食或打電話給朋友聊天。在寶寶身上，它看起來像哭泣。[3] 大自然促使我們用強大的神經化學物質採取行動。有所回應的母親會在寶寶哭聲太高之前予以緩解。如果沒有這麼做，嬰兒抗議的努力便會增強。她開始哭得更大聲。這是生物學在起作用，不是寶寶任性。

寶寶若沒有得到善解人意、有所回應的養育，可能會最終在需要某樣東西的時候停止哭泣。對脆弱的小小身體來說，不停的哭泣太難了。停止哭泣是適應了照護受損的一個例子。所以，安靜的寶寶有可能是逆來順受的寶寶。經常體驗到欠缺回應的嬰兒——例如將嬰兒與母親分開的睡眠訓練或採用「哭泣式睡眠法」（cry-it-out method）——最終必會停止哭泣。睡眠訓練當然可以教會寶寶安靜，但是它與依附（或養育）無關。養育是健康發育最原始的人類需求，它需要有所回應、善解人意的照護，人際的連結才會感覺自然而然，發育才能達到最佳狀態。養育和睡眠訓練無法相提並論。為了讓寶寶入睡而隔離寶寶其實是養育的反義詞。

睡眠訓練專家認為，嬰兒可以自我安撫，但是他們的示範卻嚴重欠缺神經生物學的準確性。對於設法為自己的小小孩做正確事情的新手父母來說，這是非常有害的資訊。嬰兒無法自我安撫。自我安撫是複雜的高階功能，在生命後期才會發展出來。事實上，多數成年人都無法自我安撫。為什麼偏愛與伴侶同眠共枕的成年人卻期待寶寶一個人睡覺呢？

任何看起來好像自我安撫的行為，例如吮吸拇指，都是純粹的「自動調節」（auto-regulation），這是一個應對孤立的科學詞語。自我安撫或自動調節是我們在緊要關頭所做的事。它的設計並非旨在作為關係的替代品。何況睡眠訓練師也不會告訴父母如何在適當的時候，以友善、尊重的方式阻止小小孩的自我安撫行為。專家們並沒有警告父母，他們需要加強養育上的努力，才能拿走自我安撫的物品或設法停止自動調節的行為。

我有許許多多來自成年女性的痛苦實例，她們記得自己上學時因為吮吸拇指而感到多麼羞恥。我了解女性保留她們的第一條嬰兒毯或毛絨玩具有多麼普遍——只要她們能夠保留。父母往往把這些早年的依附替代品藏起來或丟掉，企圖讓孩子變得比較獨立——那簡直是蒙昧無知且令人心碎——而且留下深刻的不信任印記。無數次，我聽見女性分享媽媽或爸爸告訴她們的故事：「我不知道你的泰迪熊（或毯子或洋娃娃）發生了什麼事」。但她們覺得那是謊言。幾十年後，在她們分享那段失落的記憶時，醞釀中的傷害和憤怒仍舊非常鮮活。

對美國父母來說，期待寶寶自我安撫與其說可能與寶寶的幸福安康有關，倒不如說與父母需要休息或文化的期待有關。這是可以理解的。嬰兒照護充滿挑戰、令人挫敗、相當辛苦，因此雖然走捷徑說得通，但可能會適得其反。為了訓練寶寶入睡而孤立寶寶，給正在發育、需要人際連結才能得到安慰的神經系統帶來難以置信的壓力。隨著孩子的成長，太多的「自我安撫」導致對其他自動調節替代品（糖、酒精、幻想、性）的需求，因為孩子正在學習必須滿足自己的需求，而不是依賴照顧者的安慰。

當分離發生得太過頻繁且時間太久時，嬰兒的身體明白實際狀況很糟糕，於是旨在減緩疼痛和恐懼的「凍結反應」（freeze response）便接管。凍結反應是大腦從哭泣或尖叫等抗議努力中走出來的一個步驟。當這個較低階的系統參與時，寶寶變得安靜而嗜睡。呼吸緩慢下來。寶寶的身體可能會垂垮，她可能會呈現明顯地逆來順受。凍結反應可能看似「好」寶寶，但其實是寶寶正在學習放棄。寶寶了解到她的需求不會被滿足，人際的連結不可信賴。隨著她日漸成熟，這個痛苦的教訓並不會很好地展現出來。

母愛飢渴開始

當我們是無助的嬰兒時，飢餓的痛苦驅使我們貼向母親。她是我們的解脫。我們完全依賴母親的照顧，用我們的整個身體「告訴」她——我們扭動或嗚咽或哭泣。大自然就是這樣讓媽媽靠近。當媽媽用奶和溫暖回應時，一切便安然無恙。奶和媽媽帶來愉悅，於是我們了解到，飽腹、媽媽的觸碰、媽媽的聲音、媽媽的氣味都是一樣的。這是人際的連結如何與愉悅關聯在一起，好讓我們想要更多這樣的東西。飢餓與建立連繫在生物學上有著千絲萬縷的鏈結。

明確地說，有母愛飢渴症的女性與食物和關係奮戰。我從沒見過只有其中一個問題的女性，問題只是哪一個傷害比較大。從早年的養育經驗開始，食物和愛在內隱記憶中鏈結在一起。想想上一次你真的很餓的時候。感覺如何呢？你可以忍受飢餓的痛苦多久才有東西吃呢？飢餓難忍啊。疼痛不知從何而來。從內心深處，一處你看不見的地方，飢餓的疼痛引起你的關注。腎上腺素促使你採取行動，於是你找到食物。

如果在嬰幼兒時期，飢餓的哭聲時常被忽略，或媽媽不喜歡餵你，或餵你的其他人實在不知道如何餵你，那麼建立連繫的愉悅便受到損害。對你來說，溫暖的滿足和愉悅可能與身體的飽足感相鏈結，但與人類的接觸無關。食物緩解痛苦，但關係卻緩解不了痛苦。這就是我們何以愛上食物。

不當的養育

喬希出生後就被安置在大姊姊的臥室裡。大姊姊只有十歲，但調配配方奶粉、加熱奶瓶、整晚餵喬希喝奶卻是她的工作。雖然大姊姊可能會有一、兩夜很喜歡這份工作，但十歲還是需要睡眠的孩子。十歲的孩子無法代替母親。

「你知道為什麼這是你姊姊的工作嗎？」我問喬希。

她不確定。「我是六個孩子中的最後一個，所以也許爸爸媽媽並不想要我。」

這就是答案——當母親的養育不當時，孩子便產生內隱的信念：沒有人想要我。這個信念成為她內在無意識的情愛地圖的一部分，將會引導她的人生和自我形象。

在潔寧・羅斯（Geneen Roth）具有創新求變的著作《當食物就是愛》（*When Food Is Love*）當中，她說道：「好多年來，許多人一直在用食物代替愛，因此……如果愛將我們擊倒，我們是體認不到的。」[4] 羅斯將食物與愛之間的強大連結鏈接起來，那正是母愛飢渴固有的。這份連結非常強烈，並不是因為食物實際上就是愛，而是因為它是我們對愛的第一次體驗。當母親的養育受損時，食物提供了第一份真實的安慰感。食物拯救了一顆飢餓的心。或許這可以解釋為什麼對許多人來說，進食不僅僅是對飢餓的簡單回應。我們在寂寞、壓力大或害怕的時候進食。我們在無聊、疲倦或羞愧的時候進食。飲食儀式是進入靈魂的窗口。如果你想要更深入地了解自己，請注意你如何進食以及何時進食。

有母愛飢渴的女性在飲食方面很矛盾，因為母愛被剝奪需要替代的安慰。某些人避開正餐並限制卡路里攝入才能感覺到強壯、能見人或感到安全。挨餓是補償感覺無助的最基本方法之一。某些人則比較傾向於過度放縱，聽從內在的聲音，保證「披薩會讓一切順利」。暴飲暴食和吃得太少是有效的方法，可以掩蓋內心的憂傷以及麻木母親養育不足造成的空虛。

將飲食當作語言

飢餓是人類的體驗，飢餓的痛苦也是人類的體驗。缺乏母親養育的女性長大成人後既渴求愛也渴求食物，而且經常混淆了兩者。事實上，寂寞引發大腦類似於身體飢餓的強烈渴求。[5]我將適應不良的飲食習慣視為無言的絕望的信號。飲食模式講述了早年依附的故事，所以我會關注。

史黛西·斯普勞特（Staci Sprout）是臨床醫師兼《當眾赤裸》（*Naked in Public*）一書的作者，她優美地捕捉到她如何找到替代品取代缺失的母親養育：「食物變成了我的慰藉、我的愉悅，以及我對情感和觸碰的替代品。對內在的觸碰，觸碰我可以控制的事物。」[6]史黛西的話反映出食物如何成為主要的關係，替代母親的照護。同樣地，在影響力巨大的回憶錄《飢餓》（*Hunger*）一書當中，羅珊．蓋伊（Roxane Gay）討論了食物與愛之間的連結。她分享了拜訪家人如何觸發對食物的強烈渴望：「我在家時不僅僅是餓，我快餓死了。我是動物，拚命想要被餵飽。」[7] 對於與我合作的許多女性來說，回家激起渴望、憤怒、飢餓。就好像再次靠近媽媽使身體想起了被拒絕和渴望。蓋伊說：「我開始強烈渴望食物，任何食物。我無法控制地想要暴飲暴食，為的是滿足正在滋長的隱痛，為的是填補在本來應該愛我的人們身邊覺得孤單的空虛感。」[8]

逃脫行為

娜汀小時候時常受到驚嚇。她在有父母和一個哥哥的家庭中長大。父親總是生氣，哥哥是惡霸，而母親則太過心不在焉。娜汀記得用餐時間特別悲慘。她記得父親批評著母親和食物。用餐時，父親喜歡保持緘默，如果有人說話，他的憤怒就變得咄咄逼人。娜汀的哥哥通常挑起爭執，而母親往往流著淚離開餐桌。娜汀只是希望大家安靜下來，父親就不會生哥哥的氣或讓母親哭泣。為了應對愁苦憂傷，她聚焦在自己的盤子上。她一直盯著食物。

當我要求她記住食物的味道時，她說：「我喜歡食物。如果我夠努力，我幾乎可以忘記有人和我一起吃飯。」娜汀是足智多謀的小女孩——她找到了安撫心中恐懼的方法。聚焦在進食使她的神經系統平靜下來。但是久而久之，這個做法變得有點不假思索。本質上，娜汀學會了將自己隔離，進入盯著食物出神的狀態，那是一個除了盤子裡的食物，什麼都不存在的區域。

娜汀調節恐懼的策略一直伴隨她進入成年期。娜汀現在已為人母，但她還是偏愛一個人吃飯。她準備好食物，把食物帶到自己的房間。她的孩子們獨自在自己的房間內吃飯，有電腦和電話作伴，她丈夫也如法炮製。食物與科技取代了這個家庭中的人際連結，模仿了娜汀原生家庭的孤立。

當人際的連結無法調節情緒時，食物是非常有效的調節情緒法。根據我的經驗，幫助女性重新安排作為早年母親照護替代品的原始食物連繫，需要難以置信的尊重和時間。假使我們理解暴飲暴食和吃得太少事實上與戰鬥或逃跑反應有關（一種逃避痛苦的方式），那麼這就說得通。有些女孩離不開家庭餐桌，或被逮到有祕密的糖分供應，她們在很小的時候就發現，食物提供虛擬的逃脫法，遠離無法容忍的感覺。膳食計畫通常行不通，因為規則感覺就跟被剝奪一樣，於是觸發最初的失落。

我們知道食物和養育相連。朋友生病時，我們提供食物。為了慶祝節日或成就，我們一起吃飯。但是欠缺早年養育扭曲了食物與建立連繫之間的連結，導致亞歷珊卓・凱特哈基斯（Alexandra Katehakis）博士所謂的「無接觸卻得到安慰策略」（comfort-without-contact strategy）。[9] 無接觸卻得到安慰或自我安撫，是寶寶在母愛被剝奪太過的時候學到的。這就是為什麼睡眠訓練的風險很大，而且可能成為「母愛飢渴」滋長的一個條件。隨著孩子日漸成熟，食物取代了吮吸拇指或咀嚼手指。

盯著食物出神

適應不良的飲食變成非關係型的習慣，填補不當的母親養育。限制或過度放縱與渴望有關：渴望被珍惜和安全。兩種飲食習慣都是戰鬥或逃跑反應的形式。沒有安全感和歸屬感，恐懼無處不在，因此當無處可去時，吃得太少和暴飲暴食便是麻木恐懼的方法。當食物取代母親的照護時，自我成長可能會停止。隱藏在進食或飢餓的衝動底下的是等待著愛和保護的小小孩。

作為訓練有素的成年人，女性在輕度的出神狀態中進食或限制食物，完全沒有覺察到童年的恐懼助長了與食物的連繫。適應不良的食物模式可能會繼續存在，彷彿它們屬於別人。以下是個案黛比的體驗：「深更半夜，我的另外一部分出現了。她爬進廚房，用她可以找到的任何東西塞滿自己，然後回到床上。早晨，我感到噁心和腫脹。有時候我記不得為什麼……直到我走進廚房，發現廚房亂七八糟。」對黛比來說，深夜進食發生在彷彿她處於出神狀態的時候。黛比目前與結褵三十二年的配偶分居，這是她今生首度一個人住。夜裡，尚未療癒的童年恐懼將她從噩夢中喚醒，她渾身是汗，不停發抖。我們一直一同探索這是如何發生的。

黛比在需索無度的母親的陪伴下長大，母親可以非常冷漠和挑剔。黛比竭盡所能地取悅她，但似乎永遠不夠。前一刻，她是媽媽的摯友，下一秒，她不知怎地惹媽媽生氣了。從來不確定為什麼，她記得，母親懲罰性的無情沉默似乎持續折磨了好幾天。作為小女孩，黛比獨自在房間裡待上幾個小時，躲在被窩裡，等待著被原諒，不管她做錯了什麼事。於是她進食。她在雨衣後方的櫥子裡祕密藏了一批餅乾、巧克力、軟糖，沒有人看過那裡。那是她自己的藥房。

現在，五十四歲的黛比感覺到的絕望跟小時候體驗過的一模一樣。她正在失去婚姻，幾乎沒有朋友，時常擔心孩子和孫子。但是她向我解釋，她最大的痛苦來源是她與食物的關係以及她非常厭惡自己的身體。「除非我體重減輕，否則我永遠不會快樂。這是唯一真正重要的事。我整天思考這件事，每天都在想。」黛比的內在戰爭對我來說很有道理。與食物戰鬥比面對母愛飢渴容易。

就跟許多成年女性一樣，黛比把自己的人生設計成要取悅她母親。她上了媽媽選擇的學校，嫁給了母親希望她嫁的男人，也留在了母親的家鄉。當黛比有了自己的孩子時，她訓練子女舉止得宜，好讓她母親感到自豪。儘管如此，她母親還是不快樂。黛比很孝順，從來不生媽媽的氣。她反而用吃東西來代替。

黛比在母親去世一年後開始接受我的治療，這很常見。在母親還活著的時候面對這項工程有時候是不可能的。目前，黛比忙著與她感受到的人生悲傷和憤怒的深度達成協議。雖然母親已經不在人世，但黛比還是覺得自己像個壞女孩。她全身起著反應，彷彿因為告訴我她的童年，她正在背叛母親。她滿臉通紅；她無地自容，移開視線。許多女性在憶起母親被剝奪並開始說出真相的時候，這些是她們體驗到的正常反應。當黛比分享飲食和身體仇恨的相關訊息時，我想起了潔寧・羅斯的話：「我們對待自己的身體彷彿身體是敵人……彷彿剝奪、懲罰、羞恥可以帶來改變。」[10] 黛比需要的改變其實與食物無關。隨著「母愛飢渴」的治癒以及她的核心創傷得到解決，黛比自然而然地減掉了使她的身體不舒服的體重。在她面對悲慟、接受支持、取代失去的母親照護之際，她的身體逐漸成為她的家。

本章末尾有一份調查問卷，它使養育、食物、愛之間的連結變得更加具體。如果你花幾分鐘時間寫下你的答覆，本書的其餘部分將會更有意義。如果這感覺起來太難，請信任並等待，等到你與一位安全的朋友或你的治療師在一起的時候，再完成這個練習。

透過觸碰養育

寶寶需要母愛，就像植物需要水，沒有母愛，寶寶會枯萎。如果媽媽不養育，足智多謀的嬰兒和女孩便找到其他方法來滿足這份原始的需求。小女孩是尋求安慰的飛彈，如果她們夠幸運，就可以安全地摟抱兄弟姊妹、其他母親、父親、祖父母、毛絨玩具、寵物──溫暖而柔軟的人或物。

小時候，卡洛琳的母親不讓她有毛絨玩具陪睡。「我憎恨夜晚時光。天太黑了。我好害怕。她不會讓我擁有夜燈或毛絨玩具，因為她說，那會害我變得太過需索無度。」卡洛琳的母親跟許多被誤導的父母一樣，害怕女兒變得過於依賴。但強迫孩子變得獨立是徒勞，根本行不通。獨立的滋長來自於安全可靠的母親連結。卡洛琳沒有這個東西。她記得在床上的寂寞以及她渴求安慰。她吮吸拇指。她撫摸枕頭。她幻想著被拯救。

在《不缺席的媽媽》當中，愛麗卡．柯米薩寫到過渡性物品的重要性：「尊重孩子對毛毯、毛絨玩具、和奶嘴的需求，你不在的時候，那代表你以及你所提供的安全感……如果你的孩子自然而然地喜歡某個過渡物品，你會比較容易短時間離開。」11

觸碰剝奪

欠缺母親養育導致觸碰剝奪（touch deprivation）。觸碰剝奪有它自己的想法。在欠缺母親養育的女孩長大以及接觸到毒品和酒精來安慰自己渴望被觸碰的身體之前，她們會先觸碰自己。在挨餓或暴飲暴食或嘔瀉清除之前，她們會彼此觸碰。在切割、燒傷或撞擊之前，她們運用兄弟姊妹、寵物或溫暖柔軟的任何東西，來滿足她們迫切的需求。

沒有母愛的小女孩特別容易受到可能會利用她們的人們傷害。她們體認不到不當的觸碰，因為有人觸碰總比沒人觸碰好。因此，早期的性虐待可能會持續數十年沒有被發現。滿懷羞愧的女性告訴我，說她們如何不介意坐在叔叔的懷裡或觸碰祖父的陰莖。儘管她們知道不太對勁，但她們還是磨蹭著自己的兄弟姊妹，或床墊、椅子、桌子。就跟食物一樣，性高潮可以治療情緒飢渴。

卡洛琳很小的時候，媽媽送她去參加夏令營。「我討厭蟲子、湖泊，以及黏糊糊、難吃的食物。那像一場噩夢。」卡洛琳記得她在夏天強烈渴望著葡萄汽水和士力架巧克力棒，以及觸碰。「我盯著留著漂亮長髮、似乎非常自信的女孩。我想要跟她們一樣。為了讓她們喜歡我，我什麼都做。有時候，我們會偷偷溜進空蕩蕩的小屋。我們彼此親吻、相互觸碰。那太讚了。我希望永遠不要停下來。」

我時常聽到諸如此類的故事。年輕女孩們在朋友家過夜，蜷縮在黑暗的藏身處，私下相互探索，領會著情感，然後天亮了，把她們帶回到冷漠、拒絕的母親身邊。女孩之間的情慾往往與性取向關係不大，經常源自於觸碰被剝奪。我們是足智多謀的生物，無論如何，隨著日漸成長和發育，我們都會找到滿足基本人類需求的方法。

幾乎沒有人談論女孩與自慰，然而這是小小孩找到的第一個最強烈的替代品之一，可以取代母親的觸碰。就跟吮吸拇指一樣，在你渴求安慰時，自我刺激是調節恐懼的機智方法。

不想要的觸碰

並非所有母親的觸碰都感覺美好。當媽媽的觸碰令人不舒服（性方面）或具侵入性（攻擊性）的時候，那是悲劇。為了應對，女兒們關閉了對人際親密的渴望。這樣的關閉回應不是一個決定，它奠基於身體對侵犯的反應。

母親們為女兒洗澡、餵食、穿衣、脫衣，這些親密的時刻教導小女孩關於她的身體和她的價值。當母親的接觸以任何方式表現出不尊重的時候，就會留下持久的影響。

茱莉・布蘭德（**Julie Brand**）在她的著作《母親的觸碰》（*A Mother's Touch*）當中寫到

被母親性騷擾。她回憶起午睡時間，母親躺在床上，撫摸著她的身體，那感覺很奇怪。但是並沒有強迫或身體的疼痛。當我諮商有類似背景的女性時，她們將母親的觸碰描述成討厭或沉重，但她們並沒有把這當作是虐待，尤其是在不痛的情況下，而且也因為母親的觸碰很「正常」或很熟悉。

當女兒們體驗到來自母親的不當觸碰時，羞恥感使她們保持沉默。作為成年人，這些女性幾乎沒有什麼靠近自己母親的渴望。在責任的驅使下，她們可能依舊出手幫忙、忠誠、親近，但是當母親去世時，她們如釋重負。如釋重負與療癒並非同樣的事。假使沒有人為干預，這些女性可能會與不健康的伴侶以及用自我傷害的方式，無意識地重複母親的觸碰。

當女性談到性虐待的時候，加害者通常是男性家庭成員。克莉絲蒂安·諾瑟普（Christiane Northrup）醫師的革新著作《女性的身體，女性的智慧》（*Women's Bodies, Women's Wisdom*）將父女之間的性虐待與未來的性愛成癮鏈結起來。同樣地，在《女人、性、上癮》（*Women, Sex, and Addiction*）一書中，作者兼治療師夏綠蒂·戴維斯·凱瑟（Charlotte Davis Kasl）將性虐待連結到上癮的愛和性。就跟諾瑟普一樣，凱瑟指的是男人。「父親在女性性上癮的發展中所扮演的角色，再怎麼強調也不為過。小女孩從父親那裡得到提示。她們想要那份特殊的能量，也就是爸爸眼中的光，可以被導向她們。溫暖而深情的父親沒有將這份關係性愛化，於是那份隱痛深深地銘刻在多數女性的心中。」[12]

雖然我同意凱瑟的觀點，認為小女孩希望父親覺得她很特殊，但是她認為女孩從父親那裡得到提示的主張，反映出對母女關係的至高無上視而不見。假使女兒得到母親的養育、保護、指引，她就不會那麼容易受到父親不健康行為的影響。而且她可能不需要父親那麼多的時間或鼓勵。父親的愛是加分項，但女兒已經因為母親的愛而平穩了。凱瑟後來在書中寫到她對情人山姆的癡迷時，似乎自己也體認到這點。「我知道我深受山姆吸引，重新喚醒了我內心深處仍舊感到被母親深深傷害的部分。」[13]凱瑟的過程反映出我所看見一遍又一遍發生的事。辨認出母親的疏忽或虐待直到人生後期才會發生。那就好像，我們受到保護，不知道真相，直到我們真正準備好要知道真相，才會讓我們了解。或許為了我們的困境而生父親的氣，比將矛頭指向媽媽更容易，因為我們的文化允許我們在女性之前先將男性確認成虐待者。或許實際情況甚至比這更原始。在心理上，失去母親的贊同可能比失去父親的贊同更具威脅性。當然，實際情況混合了這些複雜的因素。

親密不耐症

疼痛、猥褻或不存在的母親觸碰，可能會導致在親密的成人關係中厭惡觸碰。女性談論對浪漫伴侶有似乎不知從何而來的自動反應——就像過敏反應。我將這種不由自主的反應稱作「親密不耐症」（intimacy intolerance）。當某人靠得太近時，親密不耐症使你感到有點噁心。對方情感上的接近感覺令人厭惡或惱怒。在《當眾赤裸》一書中，史黛西・斯普勞特出色地描述了親密不耐症：「我通常討厭觸碰別人……每當我嘗試那麼做，就感覺到一種奇怪的刺痛，以及一種急切的衝動，想要猛地把手拿開。」對史黛西來說，觸碰某人產生一種「酸酸熱熱的感覺」，那掩蓋了「不斷打哈欠、無盡折磨人的需求。」[14]

假使親密不耐症的概念引起你的共鳴，那麼很可能你渴求某種類型的愛，但是卻對阻止你擁有它的原因迷惑不解。也許你在幻想中找到慰藉——想像一個完美的愛人為你的身體帶來化學上的改變，這樣就夠了。如果你走向關係，你可能會被迴避型的伴侶或朋友所吸引，因為他們不會威脅到你的無意識的親密門檻。對你來說，迴避型的伴侶和朋友比令你窒息的對象好。

飢餓問卷調查

小時候，肚子不餓的時候，是否有人鼓勵你吃東西？你是否被迫吃下令你噁心的食物？

小時候，肚子餓的時候，你的食物有被剝奪過嗎？你最愛的食物曾被扣留下來，不給你吃嗎？

你家的用餐時間如何？誰煮飯？家人一起吃還是獨自一個人吃？

小時候或青春期，你偷偷吃過食物嗎？大吃大喝過嗎？曾經限制飲食嗎？

你怎麼知道你何時餓了？出現什麼體受感呢？

你最愛的食物是什麼？為什麼？

用三個字詞描述你對食物的感受。

用三個字詞描述你對性親密的感受。

現在，看著你為食物和性親密列出的字詞。它們相同嗎？它們不同嗎？為什麼？

第5章

母愛飢渴的文化成因

「母愛飢渴」不是憑空產生的。母愛飢渴是在文化中產生和傳遞的，這樣的文化遮蔽了我們人類對彼此的需求，而且將男性的重要性置於女性之上。母愛飢渴是更大布局的一部分，它嚇壞女性，損害我們保護自己和女兒的能力。在討論保護的基本母親元素之前，我們需要了解一下導致母親難以保護女兒安全的文化背景。

保護是確保物種存活的正向人類屬性。就象徵和實質意義而言，母愛代表保護，站在孩子與生命的艱辛之間。如果孩子知道母親為自己而在，孩子就可以忍受許多威脅。「熊媽媽」（mama bear）一詞指的是女性生理機能中天生普遍存在的保護本能，當女性成為母親時，這種本能便被啟動了。母親的設計旨在確保下一代的存活，她們體驗到神經化學活動增加，那增強了對關注和親近的尋求。在嬰兒和孩童太過脆弱、無法保護自己的時候，母親的保護是大自然保護他們安全的一部分計畫。

不幸的是，文化的影響可能會遮蔽大自然的設計。什麼樣的世界使母親難以保護自己的孩子呢？這個問題的答案涉及對父權制的討論，「父權制」源自於希臘語，意思是「父親的統治」。

三十年來，我一直在撰寫和教授關於父權制（patriarchy）、厭女情結（misogyny）、性別建構。因此，當我無意中看見安潔莉・達亞爾（Anjali Dayal）在廣播節目〈論存在〉（On Being）上的訪談時，我因為她清新、明白的解釋而激動不已。達亞爾當時是喬治城大學（Georgetown University）「婦女、和平與安全研究所」（Institute for Women, Peace and Security）的研究人員，她分享了大衛・福斯特・華萊士（David Foster Wallace）的畢業演講〈這是水〉（This Is Water）來證明論點正確。在華萊士的趣聞軼事中，一起游泳的兩條小魚遇見了一條大魚，大魚喊道：「早安，孩子們。這水如何啊？」兩條小魚繼續游了一會兒，然後其中一條小魚看著另外一條說：「水到底是什麼？」[1] 意思很清楚：我們往往完全沒有覺知到形塑我們的環境。達亞爾巧妙地將這個「水」與父權制連結在一起：

在針對婦女的日常暴力中，父權制顯而易見。它反映在我們為了保護自己而建造的城垛上：那些小小的停留處，你在走來走去的時候為了防止自己受到傷害而條件反射地完成的事物，你保護自己的所有微妙方法，避免與辦公室中的某些男人和車內的其他男人以及空蕩蕩的大建築物裡的所有陌生男子獨處……每次在街上、酒吧或派對上，你忽視了來自某男人的下流評論，因為如果你猛烈抨擊，誰知道他會做什麼……每當火車進站時，快速掃描一下地鐵車廂，為的是確保人夠多，如此，假使有人威脅你，你不會是獨自一人，但是人也不可以太多，否則你會被摸個遍卻雙手無處安放——有一千個越界行為，那麼渺小又那麼頻繁，以至於你絕不會對任何人提及……因為人生就是如此。[2]

在父權制環境下成長的心理及生理、社會、靈性影響意謂著，我們不自覺地接受了關於女性的主流思想。即使這些想法具有破壞性，作為女性的我們也成為性別刻板印象的版本。文化如何看待我們，我們便如何看待自己。文化對我們的感覺就是我們對自己的感覺。內化的父權制意識形態並不是認知的過程。我們不會有意識地在某一天醒來，決定貶低自己。它陰險多了。我們只是在女性的結構中游泳，那告訴我們，隨著日漸成長和發育，我們該如何表現、該如何看待、該愛誰。而且有時候，我們從我們的母親那裡學到這點。

促成母愛飢渴的文化因素

人們越來越覺知到「母親的創傷」——一種顯化在女性身上且代代相傳的母系負擔——

為我們提供理解「母愛飢渴」的起源的框架。自身攜帶著受害情結的母親將受害情結繼續傳遞給女兒。自我厭惡和蔑視破壞了母女的連繫，因為對女性的仇恨是共同的。「母親的受害情結不僅羞辱自己，也殘害女兒，女兒觀察母親，從中尋找身為女人意謂著什麼的線索。就像纏足的傳統中國婦女將自己的痛苦折磨傳遞下去。對女兒的心靈來說，母親的自我憎恨以及沒啥期待就是束縛。」[3]

奧斯卡．塞拉萊奇（Oscar Serrallach）醫師描述了母親創傷的傳遞，解釋了要求女性「內化前幾代女性學到的功能失調的應對機制」的文化力。塞拉萊奇將母親的創傷描述成「當女人設法在一個沒有為探索和理解她的力量和潛力騰出空間的社會探索和理解這些時，她內在生出的痛苦和悲慟。」[4]

母愛飢渴在某種程度上是母親創傷的後遺症。從祖母傳遞給母親，再傳遞給女兒，隨著我們將關於自己的身體、價值、力量的內化信念傳遞給下一代，女性在某種程度上不如男性的信念破壞了我們彼此的連繫。教導我們成為「女性」的無意識和表觀遺傳過程，是在未經我們同意的情況下發生的。

許多人與身體羞恥和限制性信念奮戰——這些是來自母親的功課。我們觀察到自己的母親挨餓。我們親眼目睹了她們的無聊和焦慮。我們看見她們背叛朋友和她們自己。結果，許多人不知道我們如何或為何奮戰；對我們來說，那完全「正常」。

#MeToo運動

似乎每十年都會有新的嘗試，企圖扭轉有毒的男性氣質，重新平衡男女之間的權力。有毒的男性氣質建立在男性優越的錯誤信念上。雖然可能看起來某些男人（白人、異性戀男人）從這樣的設定中受益，但實際上，有毒的男性氣質也對男性造成傷害，因為男人的感受、行為方式或必須實現什麼等規則，強迫男人不太能夠觸及感受和脆弱點——這些正是男人與伴侶、孩子、自己連結所需要的品質。

一九七五年，勞拉．穆爾維（Laura Mulvey）在她著名的文章〈視覺愉悅與敘事電影〉（Visual Pleasure and Narrative Cinema）當中向我們介紹了「男性凝視」（male gaze）——我們如何集體將女性視為物品。[5] 透過媒體，我們集體了解到，女性的存在是為了男性的視覺愉悅，但是由於我們全都看著同樣的東西，女性便學會以此方式看待自己和彼此：作為物品。西北大學（Northwestern University）心理學教授芮妮・恩格恩（Renee Engeln）辨認男性凝視的持久品質，解釋了女性身體如何「被視為只是為了讓他人快樂而存在的事物。」[6]男性凝視教導我們，若要被人看見，我們必須梳洗打扮、苗條、年輕，我們必須挑逗、調情、展現自己。矛盾的是，能見度使我們變得脆弱。美國的女權主義者在一九七〇年代創造了「強姦文化」（rape culture）一詞來描述一個性暴力被正常化，且受害者因性騷擾和性侵犯而受到指責的社會。強姦文化強調「不要被強姦」，而不是「不要強姦」。[7]《蛻變強姦文化》（*Transforming a Rape Culture*）的編輯艾蜜莉・布赫瓦爾德（Emilie Buchwald）、潘蜜拉・弗雷徹（Pamela Fletcher）、瑪莎・羅斯（Martha Roth）將強姦文化描述成：

> 一套複雜的信念體系，鼓勵男性侵略且支持對女性的暴力行為。在這個社會中，暴力被視為性感，性行為被視為暴力。在強姦文化中，女性感知到一系列受到威脅的暴力，從性言論到性接觸，再到強姦本身。[8]

二十四小時的新聞週期包含許許多多這類連續報導，於是對婦女的暴力行為似乎不可避免。#MeToo運動提醒我們，儘管多年來的勤奮努力以及等待事情改變，但女性可能還是被固定在床上，在派對上被逼到牆角，或被摸透透同時其他人袖手旁觀。女人的直覺是，即使新聞並不是特意談論我們的故事，但情況恐怕就是這樣。恐懼的文化滲透女性的心靈，使我們保護自己和孩子安全的能力變得複雜——損害了基本的母性保護元素。

色情內容的危機

容易接觸到色情內容，給想要保護孩子的父母增添難度。色情內容在強姦文化中盛行，而且現在可以在手持裝置上二十四小時全天候取得。因此，兒童比以往任何時候更常看見色情內容。英國最近一項調查發現，十二歲以下的兒童當中，一二%經常觀看色情內容。[9]雖然色情內容可以幫助成年人探索被剝奪的性偏好和夢想，但是當孩童無意間發現色情內容時，它可能很嚇人，混合了恐懼和興奮，於是大腦不堪重負。

雖然倡導者努力保護兒童免於色情內容的不利影響，然而儘管母親努力保護，這一代的孩子卻還是在成長過程中從色情內容學習性行為。基於許多原因，將色情內容當作性教育很有問題，其中包括但不限於對性別、性欲、權力、情感親密的深度誤解。《被綁架的性》（*Porn Land*）作者兼「文化重構」（Culture Reframed）總裁兼首席執行官蓋兒・黛恩斯（Gail Dines）將色情內容的廣泛滲透視為公眾健康危機。她將我們現代的強姦文化描述成「色情化的文化」（pornified culture），而且解釋了色情如何讓男孩子缺乏同理心並增加性侵的可能性。10

性警報

女性獲得生物學的適應性，才能忍受不斷的威脅。有定量的腎上腺素和皮質醇，我們才能準備好應對危險。隨著成長，我們的人格以一種防禦模式發展。防禦模式可以解釋，為什麼某些人生氣、吵鬧、好鬥，而其他人鬼鬼祟祟、過度警惕、孤僻退縮。茱蒂絲・萊維特（Judith Leavitt）在她的著作《性警報系統》（*The Sexual Alarm System*）當中解釋了女性如何對性恐懼如此習以為常，因此，在我們沒有覺知到的情況下，我們的身體不斷保持警戒，宛如低階的嗡嗡聲。萊維特將這份適應稱作「性警報系統」（SAS）。「性警報系統」使我們保持高度警戒，讓我們為「虐待的可能性」做好準備，因為我們知道那有可能發生，「我們保持警戒，提防它。否則，我們會在夜晚任何時間外出到任何地方散步，或是在世界上任何地方自由地旅行，不然就是不擔心街上的男人跟蹤我們。」[11]

「性警報系統」對女性大吼大叫，要她們「小心」。她們是獵物啊！於是女性經歷緊張不安、被觸發、高度警戒、最終退出並關閉。哇！這是壓力重重、令人精疲力竭，而且影響到女性生活的許多面向啊！大多數男人沒有體驗到「性警報系統」，因為他們事實上並不是性獵物。[12]

防禦的人格早早開始。從很小的時候，我們便學到，我們不安全，因為我們的身體是可以在性方面被剝削和侵犯的物品。「性警報系統」是父權文化的產物。

時刻提防

本能驅使我們去撫慰對我們有真正力量或感知到對我們有力量的人，這減少了我們全然參與關係的機會。因此，許多人從來沒有體驗過健康的浪漫伴侶關係，因為關係的互惠是一種陌生的體驗。為了保護自己，我們「撫慰並取悅」別人對食物、性、愛慕乃至金錢的需求。撫慰有力量（感知到有力量或真正有力量）的某人的需求，是我們生物學上的凍結反應在起作用——我們適應了長期、持續的恐懼。

在父權體制下，女性的身體適應了危險。根據雪莉．泰勒（Shelly Taylor）博士的說法，女人對危險的回應與男人不同。在她的創新作品當中，也就是現在廣為人知的「照料及結交朋友理論」（tend-and-befriend theory），泰勒發現，女性在回應威脅時展現出更多的社會行為。[13] 在她的研究於二〇〇〇年發表之前，我們想當然耳地認為，對恐懼的唯一生物學反應是，要麼戰鬥，要麼逃跑。我們的資訊奠基於男性生理學。泰勒的研究聚焦在女性而非男性，而且著手探索我們回應危險的其他方式。她的理論假設，戰鬥或逃跑對有寶寶和孩童依賴她們的婦女來說不太有利。因此，當某人或某樣事物有危險的時候，女性比男性更容易受傷或脫臼。基於這個原因，她發現，在受到驚嚇時，女性會「照料」（為子孫做飯、梳理或撫摸他們）以及「結交朋友」（聚集、交談、與其他女性連結）。

在另外一項調查性別差異的研究當中，一群男性和女性被告知他們將會經歷電擊。在實驗過程中，女性選擇與其他參與者一起等待電擊，而男性則選擇散開並獨自等待。[14]

當我們思考女性團結一致（她們的孩子也團結一致）如何有更好的生存機會時，照料及結交朋友理論也就有道理了。[15] 什麼可以說明男女之間對恐懼的反應有這樣的差異呢？目前並不確定到底是生物學還是社會學，但是對於理解「母愛飢渴」來說，這樣的區別並不重要。事實上，我認為，不同的恐懼反應可能與我們的依附風格以及性別有關。無論如何，泰勒的理論幫助我們領會「性警報系統」的力量，以及在我們受到威脅時，為什麼可能會撫慰、照料或結交朋友，而不是逃跑。

有目的的撫慰

某些人無意識地先撫慰憤怒的伴侶，然後才安撫或保護孩子，這時候，對人類恐懼反應的更深入理解允許我們對自己更加慈悲；在自動生存資源發揮作用的某個深度層次，我們的頭腦迅速確定，安撫某位憤怒的成年人是對每一個人來說最為安全的選項。

梅麗莎・科貝爾（Marissa Korbel）是「受害者權利法律中心」（Victim Rights Law Center）的律師，也是《喧囂雜誌》（*the Rumpus*）的月刊撰稿人，她為我們提供撫慰起作用的有力例證。在標題定為「有時候，你為強姦犯做早餐：頗具爭議（且往往令人困惑）的女性『照料本能』內幕」的文章中，她寫道：

> 你只能將男人推離你許多次。你只能用許多方式說「現在不行，謝謝，不用了，我不想」。我也有過我不想要的性行為，因為性是最不爛的選項。性是一個已知變數。可以把它想成一種減少傷害的策略。動手打男人、對他尖叫、踢他、對他大喊嗎？後果不知道。他會回擊嗎？他會讓我離開嗎？我會奮戰然後輸掉嗎？如果我輸了，他還是會跟我發生性關係，只是更暴力嗎？[16]

科貝爾逮到了撫慰反應的本質。撫慰行為的風險可能低於打架或逃跑。所以我們可以理解，屈服於不想要的性侵犯如何與生存有關，它是一種機智、前意識的減少傷害策略。

作為孩子，許多人學會撫慰我們的母親，作為減少傷害的策略。撫慰母親不是冒著讓母親生氣的風險，意思是，我們保持屋子整潔、稱讚她的外貌、陪伴她，或在她惱怒時遠離她。取悅和撫慰類似於創傷反應——它是無意識的自動反應，可以成為一種根深柢固的人格特質。

第6章

母愛的三個基本元素：（二）保護

受到驚嚇的女性成為不安全型的母親，她們有時候無法保護自己的孩子。這不是愛的問題。母親可能會非常疼愛自己的寶寶和孩子，然而卻還是無法保護他們。當母親試圖撫養女兒時，我經常在日常生活中看見這些模式。某些母親過度保護，於是女兒在成長發育方面錯過了適合的體驗。另一方面，某些母親過於放任，使女兒還沒有準備好就面臨成人的挑戰。適度的平衡很難理解。而且在女人成為母親之後，尚未治癒的創傷使情況變得複雜。母親沒有覺知到自己的心理創傷，她可能會錯失了自己以及孩子處在危險中的提示。不然就是，似乎危險無處不在，讓母女倆都坐立難安。無論是哪一種，當女兒無法指望母親提供安全和保護的時候，她們便苦苦掙扎。

母女之間關於安全和保障的早期功課可能無法衡量或看見，但是它們威力強大。科學家們現在了解到，從懷孕開始，母親的焦慮、壓力、恐懼可能會傳遞給子宮內的寶寶，尤其是在最後三個月。[1] 此外，母親本身在成長過程中尚未修復的情感傷疤，也會對她的母性本能產生不利的影響。[2] 母親的壓力和焦慮將不安全感傳遞給女兒，先是透過觸碰、聲調、呼吸模式，之後更透過使母女容易受傷的行為和抉擇。

為了舉例說明母親保護的概念及其何以會出錯，查看極端案例有所幫助，讓我們可能會注意到發生在自己成長過程中的常見範例。基於這個原因，我將會聚焦在奠基於真實故事和原創播客節目的Netflix（網飛）連續劇《髒鬼約翰》（*Dirty John*）。你可能會發現，觀看或收聽這齣連續劇有助於全面了解正在發揮作用的動態。

真實案例：髒鬼約翰

在真實犯罪播客節目《髒鬼約翰》的Netflix改編劇本當中，我們看見一個精彩但陰暗的實例，說明當母親無法保護自己或女兒的時候，會發生什麼事。這齣迷你劇集說明代代相傳的厭女情結，如何讓女性變得不安全和脆弱。厭女情結不只是公然憎恨女性，而且根據《劍橋詞典》的說法：「相信男人優於女人。」

在這則真實故事中，我們親眼目睹優先考慮男性而非女性的破壞性雙重標準留下的遺毒——以及女性如何參與並延續這套不幸的制度。在猶太教與基督教意識形態的幫助下，代代相傳的系統性厭女情結大大影響了三代。

這樣的代間傳承始於阿蓮（Arlane），她是牧師的妻子。在一個酸楚、痛苦的場景中，阿蓮對已成年的女兒辛蒂（Cindi）引用《聖經》經文，鼓勵她留在不快樂的婚姻中。辛蒂跟大多數已成年的女兒一樣，希望得到母親的支持。她正在考慮離婚，作為女性基督徒，離婚令人生畏。沒有文化支持的人生變遷很艱難，而母愛讓事情變得比較容易。辛蒂聆聽著阿蓮引用經文，建議她留在與比利（Billy）的婚姻之中。為了取悅母親以及成為「優質」的基督徒女兒，辛蒂忽略自己的直覺，不久之後，比利卻以令人髮指的預謀殺害了辛蒂。雖然比利因為過失殺人罪入獄，但僅僅三年後便獲釋，那是基於阿蓮的證詞「我知道他愛我女兒」。雖然慈悲與寬恕令人欽佩，但是阿蓮對女婿扭曲的寬容當中有某樣東西令人坐立難安。隨著故事展開，我們看見阿蓮的指引如何成為系統性厭女情結的悲劇表現，而且這種厭女情結居然凌駕母親的保護本能。

在Netflix的這部劇集中，由康妮．布里頓（Connie Britton）嫻熟地扮演主角黛博拉．紐威爾（Debra Newell），而阿蓮和辛蒂正是黛博拉的背景設定。黛博拉是五十九歲的女性，在事業上很成功，但長期對愛情失望。黛博拉跟姊姊辛蒂一樣，專門吸引危險男人。隨著故事的展開，我們見證了黛博拉輕而易舉地就被艾瑞克．巴納（Eric Bana）飾演的約翰．米漢（John Meehan）誘惑。黛博拉結過四次婚，離過四次婚，然而當她開始線上約會並找到約翰時，她過去的紀錄似乎並沒有讓她放慢腳步。約翰很快地成功進入她的生活。觀眾可以透過黛博拉已成年的女兒們的關切眼神看見約翰的掠奪策略。幾週內，黛博拉不顧女兒們的抗議，祕密嫁給了約翰，他們的關係顯示出愛情上癮的標誌症狀。

跟其他任何上癮行為一樣，愛情上癮也遵循某些標準，這些標準指出習慣已經變成了強迫行為：

- 持續不斷的行為或藥物濫用，不顧負面後果。儘管揭穿了約翰的謊言並體驗到失去與女兒們的親近，但黛博拉還是無法不與約翰見面。
- 試圖停止某種行為或藥物濫用，但卻沒有成功。在發現約翰的陰暗動機之後，黛博拉設法不再與約翰見面，但是她做不到。隨著她的癡迷越演越烈，她越來越無法照顧自己，而且還欺騙女兒，使女兒們處在極大的危險之中。
- 試圖停止某種行為或藥物濫用，因而造成強烈渴望和退縮抽離。在第一次得知約翰的騙術、毒癮、欺騙其他女性的歷史之後，黛博拉與約翰分手。然而，她無法容忍分離並與約翰重新建立聯繫。

- 對行為或藥物濫用保密。關於她與約翰的關係，黛博拉從一開始就撒謊。她說謊，包括事情進展得有多快、她給了約翰多少進入她個人生活的權限、她有多少財務受損。她隱瞞結婚。她向家人隱瞞了這些細節，好讓她可以跟約翰在一起。
- 為了保護這段關係而與朋友和家人分離。黛博拉沒有女性朋友，更因為她優先考慮約翰而退出了家庭關係。

儘管黛博拉之前離過婚，但是當約翰迅速成為日常生活和節日傳統的一部分時，她和母親阿蓮似乎並不小心謹慎。在約翰融入家庭生活之前，母親和女兒都沒有能力或意願放慢腳步，好好了解他。她們被約翰的魅力誘惑了。但是黛博拉的女兒們並沒有被誘惑。

老大羅妮（Ronnie）顯然被母親的前四次婚姻深深困擾著。她的怒氣很明顯。她在衣櫥內擺放了一大只金屬保險箱，用來保護她的貴重物品，而且她迴避了母親與約翰的新戀情。羅妮毫無歉意地擺出了防禦姿態，她是保護者，承擔了母親已經放棄的母親角色。

黛博拉的小女兒泰拉（Terra）被這段關係攪得心神不寧，但是她表現恐懼的方式與姊姊截然不同。泰拉與羅妮不一樣，她試圖撫慰母親。她懇求黛博拉在即將到來的聖誕聚會期間不要讓約翰與年紀較輕的表妹表弟們一起玩，她淚眼婆娑地解釋，讓孩子們依附一個不會留下來的男人很不公平。泰拉無法直接要求母親不要再與約翰見面（像羅妮就可以辦到），所以她試圖打動母親的心。

她的要求溫柔且完全合理，在此，我們看見泰拉的心痛；她知道再度失去的痛苦。我們想知道，與每一任前繼父建立連繫，結果卻是對方離開，或是為了引起母親的關注而在一個新男人身後等待，對她來說是什麼感覺。她希望母親能夠理解——可以保護她和她的孩子們免於更多不必要的失落——但是她的懇求卻徒勞無功。

母親作為保護者的角色被誤解了，以至於即使是專業的介入，也忽略了泰拉的絕望。治療師沒有追究黛博拉的責任，而且最終，黛博拉的愛情上癮獲勝。她無視泰拉的請求，允許約翰用聖誕禮物為年紀小的表妹表弟做出戲劇性的表現。看著這一幕，我們知道，這不是黛博拉第一次對女兒想要滿足心中的需求視而不見。

有時候，女性表現得像掌權者，藉此彌補厭女情結——她們冒犯比較脆弱的人。在《髒鬼約翰》的案例中，黛博拉無視泰拉的簡單要求正是這種情況可能會如何發生的一個實例。黛博拉忽略女兒的保護請求。她沒有聆聽和考慮女兒的需求，反而將自己的欲望置於女兒的幸福之前。她無恥地允許約翰用玩具和感情澆灌年紀較小的表弟表妹。當泰拉對母親的糟糕選擇產生情緒反應時，黛博拉卻生氣和受傷。她因為女兒的行為而感覺受害，甚至為女兒的「無禮」向約翰道歉。

但是在這個假期中，真正的受害者卻是泰拉，她獨自一人在後面的房間哭泣，試圖自己釐清事情的真相。更糟的是，阿蓮設法平息事態，她哄勸泰拉重新加入聖誕聚會，而不是聆聽她的擔憂或要求約翰離開。母親和祖母都優先考慮約翰而不是泰拉，傳達出的明確訊息是：約翰的需求比泰拉的需求重要。最重要的是，泰拉想要取悅母親，所以她擦乾眼淚，擤了擤鼻涕，回到派對上。為了得到母親的愛，她犧牲了自己的直覺和需求。最終，在一次難以想像的事件轉折中，她幾乎犧牲自己的生命。約翰想要殺死她。看著這則故事在許多層面化為栩栩如生的現實，令人毛骨悚然，而我不禁想到辛蒂死在她丈夫的手中，同時親眼目睹著泰拉為了自己的生命而戰。黛博拉沒能保護泰拉可能看似一種極端的忽略，但它卻凸顯出女性無法保護彼此免於系統性性別歧視的代際性質。母愛飢渴就是這樣發生的。

有母愛飢渴情節的姊妹

當母親無法保護自己的女兒時，不僅兄弟姊妹錯失了母親的保護，而且他們的人格適應也促使彼此成為競爭者，有愛就搶。不受保護的孩子長大後便捍衛自己並爭取關注。結果，當兄弟姊妹亟需盟友時，經常最終多了個敵人——不然至少是一段摻雜著競爭和怨恨的艱難關係。

在《髒鬼約翰》的案例中，我們看見，在沒有母親保護的情況下，女兒們如何盡可能地照顧自己，藉此適應。羅妮和泰拉各以自己的方式凶悍，為了保留與母親的連結，她們都做出了非凡的努力。羅妮僱用一名調查員，為的是拯救母親脫離約翰的魔掌，而泰拉孜孜不倦地向黛博拉尋求安慰和理解。在她們各自爭取母愛之際，彼此的關係也變得薄弱貧乏。

在母愛飢渴的案例中，我一遍又一遍地看見這種手足緊張的模式。許多姊妹變成死對頭，因為她們獨自生存，無法仰賴行為像孩子一樣的母親。當兄弟姊妹為了生存而努力時，他們不玩樂。他們很少放鬆。一個變成父親或母親；另一個繼續年幼無知。兄弟姊妹扮演和事佬或喜劇演員等角色。有時候，孩子們只是躲避紛亂，安靜地退回自己的內在。

雖然Netflix的戲劇巧妙地說明黛博拉沒有能力保護自己和女兒，但是評論家們卻錯失了重點——而且錯過了教育大眾的機會。在《石板雜誌》（*Slate*，譯註：美國知名的線上雜誌）的文化時事通訊中，海瑟．施韋德爾（Heather Schwedel）延續了孩子們公然反抗或反對是很「糟糕」的想法，她說泰拉和羅妮「莽撞粗魯」而懶惰。[3] 施韋德爾大幅度地將泰拉和羅妮忍受過的情緒掙扎減至最小。施韋德爾的描述使用蔑視的語言，延續了指責受害者的文化習慣。她斷言姊妹們是「頑劣的青少年」，完全忽略兩個女孩為何這麼做的原因：她們害怕。一個跟母親在一起的新男人是威脅。她們知道，卻又不是真正知道，她們的處境危險，因為母親無法也不會保護她們。

脆弱的母親造就脆弱的女兒

理想情況下，母親的保護為女兒植入一份內在的安全來源。但事實並不總是如此運作。《髒鬼約翰》的故事可能看似極端，但卻不算非獨一無二。幾代女性在照顧男性伴侶的同時卻犧牲了子女的幸福。

我們在黛博拉．紐威爾與她的女兒們之間看到這點。她把女兒們當作裝飾品，希望她們出現在家庭聚會，但卻對她們的日常需求感到惱火。雖然她無法看見或尊重女兒們的感受，但是當女兒無法尊重她的時候，她卻感到受害。在一次訪談中，現實生活中的黛博拉說道：「我認為（約翰）追求我是為了我的金錢，所以我覺得我的孩子們不應該害怕。」[4] 黛博拉的話顯示，她刻意無視女兒們的想法和感受。她對自己給女兒們帶來的危險視而不見。雖然猶太基督教系統的神學呼籲我們「敬重父母」，但是有時候，「敬重母親」卻不可能，而且的確很不明智。

神經覺

不保護女兒的母親分為兩大類：太過脆弱的母親以及威脅他人的母親。在本章中，我們將會討論第一種類型：脆弱的母親（我們將在第八章〈三級母愛飢渴〉中更仔細地檢視威脅型母親造成的巨大影響）。當母親帶有來自自己成長過程中尚未修復的依附傷害時，她安撫自己或女兒的能力便受到損害。一個情緒脆弱的母親可能會有嚇到女兒的面部表情或難以聽清楚的聲調。當女兒情緒激動，尤其如果是負面情緒湧現時，容易憂傷的脆弱母親便無法容忍。脆弱的母親害怕她沒有解決辦法，於是可能會把女兒推開，以免感到無助。

「神經覺」（neuroception）是史蒂芬．波格斯（Stephen Porges）的多迷走神經理論中的一個詞語，它是大腦區分他人心情和行為的意義以及領悟和理解環境提示的能力。[5] 神經覺幫助我們決定某人到底是安全或危險。經常害怕的焦慮型母親，可能會對女兒正在發育且與自己的神經覺鏈接的神經覺產生不利的影響。女兒們與自己的母親契合或共同調節。因此，母女之間的焦慮是共享的。

透過母親與嬰兒之間成千上萬的微小動作，母親們傳達出這個世界是否安全。適應了母親的恐懼可能會抑制女兒玩耍、學習、自在結交朋友的能力。因為感到焦慮，她無法觸及內在的智慧和直覺。在最為極端的案例中，女兒可能會完全失去偵測危險的能力。她會錯失掉表示某人或某事是壞主意的信號。當母親的神經覺受損時，有時候母親和女兒最終陷入危險之中——就跟《髒鬼約翰》的案例一樣，泰拉最終為了自己的生命與約翰搏鬥，而辛蒂嫁給了殺死自己的男人。受損的神經覺幫助我們理解像這樣的悲劇可能會如何發生。

爭取而來的保護

每一個早年沒有母親保護的成年女性的內在都是受到驚嚇的小女孩。通常，她的焦慮被一層層防禦牢牢壓住。我把這種防禦叫做「爭取而來的保護」（earned protection）。爭取而來的保護以許多不同的方式顯化。有些女孩凶悍。她們動作迅速，聲音鏗鏘有力，頻繁地要求。支配主導的表現提醒其他人後退並小心。另一方面，有些女孩顯得百依百順，她們的姿態駝背彎腰或搖晃顫抖。她們可能會依賴他人為她們做決定。

假使你遇見把這類「母愛飢渴」埋藏在強悍的防禦底下的女人，你可能會不知道她心中害怕。外表上，她可能看似堅強。但是在精心打造的外貌底下，她凍結的人格部分等待著被關注。一部分是受到驚嚇、渴求母親保護的小女孩；另一部分是憤怒的青少年，不得不靠自己解決問題。早年沒有母親保護的女性倘若沒有覺察到這些部分，可能會發現自己被強而有力且擁有地位和財富的權威人物所吸引，不然就是她可能會孜孜不倦地發狠努力工作，建立自己的財務堡壘。她在尋求小時候沒有得到的保護。

雖然背負著這類母愛飢渴的女人可以好好照顧自己，但是她厭倦了做這件事。她渴望有人掌控她，減輕她的責任，有人讓她成為她從來無法成為的小女孩。

在沒有母親保護的情況下長大的女性習慣了高度的恐懼和焦慮。如果這是你的故事的一部分，那麼你長期以來一直帶著高度壓力和自我管理生活。你的忍耐力可能正在逐漸減弱。因為母親的保護缺失，你很小便適應了，於是有時候，你的某部分可能會仍然覺得像個受到驚嚇的女孩。

愛並不等同於保護

難以安撫的嬰兒經常被稱作「難搞」的寶寶，而憂傷的學步幼兒則得到被誤導的標籤，例如「可怕的兩歲兒」。哭泣的小小孩看似在操縱或對抗，其實，他們只是用著他們知道的唯一方法交流。責怪小小孩有原始情緒是錯失了同調和連結的機會。

在關係上依賴的寶寶和幼兒無法靠自己製造安全感。就好像脆弱的樹木，剛種進土地裡的時候需要額外的支持，嬰兒則是由他們的主要照顧者支持。當花園裡的植物並不茂盛的時候，我們不會責怪植物。我們測試土壤，我們監控陽光，我們調節水量。我們努力改善環境，使植物可以茁壯成長。但是面對孩子，有時候我們卻反過來——我們期待新生兒可以適應環境，即使她顯然在環境中表現不佳。與其轉身離開或感覺受到迫害，懂得同調的母親可能會反問自己，我的寶寶需要什麼呢？於是努力安撫她的小小孩。善於保護的媽媽塗抹防曬霜、把蔬菜洗乾淨、打電話給醫生。這些都是容易的事。

受到驚嚇的時候，我們的覺知改變，我們的聲音改變，我們不再微笑。我們臉上的細微動作變得緊繃。恐懼可能會模糊了母親關注嬰兒的提示的能力，或是當學步幼兒感到害怕時，母親是否在場的能力。《你的共振自我》一書的作者莎拉．佩頓解釋了這種現象，她說：「因為恐懼使人不在現場且進入警戒狀態，也使她們無法關注別人發生的事情有何細微差別。」[6]如果那個「別人」是寶寶，該怎麼辦呢？

我認識的大多數女性，只要獨自在家，就會鎖上門，在走向汽車之際，就會把鑰匙準備好，而且在天黑後避開停車庫。生活在一個我們就是性獵物的世界中很嚇人。受到驚嚇的母親無須語言也能傳達危險近在咫尺的資訊。加州大學舊金山分校（University of California–San Francisco）的研究人員發現，嬰兒「捕捉」母親焦慮和憂傷的心理殘渣。[7]正如我們在第一章中的鏡映部分討論過的，我們知道寶寶在四個月大時已經學會了媽媽的面部表情。寶寶與母親同步調節他們的神經系統。於是，母親的憂傷可以變成嬰兒的憂傷。

沒有安全的避風港

代代相傳的環境逆境，損害女性保護自己和她可能擁有的任何孩子的能力。套用嘉柏·麥特醫師的話：「我們不是在談論個別父母的失敗。我們談論的是一種廣泛的社會現象。我們生活在……完全破壞了育兒環境的社會中。」[8] 麥特所指的社會現象，是我們全都在其中游泳的父權制水域，它貶低我們人類的脆弱性以及對彼此的需求。這種社會現象損害了母親的保護。

當母親為安全而奮戰時，她們的孩子也同樣為安全而奮戰。受到驚嚇的母親的女兒在沒有任何保護的地方尋求保護。「（當）不成熟的壓力反應出現，沒有來自穩定的成年人的養育保護……這樣的逆境導致心理的創傷。」[9] 處境危險的母親無法減緩小小孩的毒性壓力。毒性壓力啟動不成熟的免疫系統，而且可能會改變基因組成，導致終生的身心健康挑戰。

文森特·費利蒂（Vincent Felitti）里程碑級的「童年逆境經驗」（adverse childhood

experiences，簡稱 ACEs）研究，於一九九八年由「美國疾病控制與預防中心」與「凱撒醫療機構」（Kaiser Permanente）發表[10]，多虧大眾廣泛覺知到這份研究，我們現在才體會著童年逆境造成的規模與後果。

「童年逆境經驗」的原始研究，指定了十大類壓力或創傷性童年事件，不過這份清單現在已被擴展到囊括更多。童年逆境的類型包括種族主義、父母監禁、父母分居卻火藥味十足、父母一方有上癮問題、生活在寄養家庭、親眼目睹母親被威脅。這項有一萬七千多名參與者參與的研究讓我們看見，童年時期持續的壓力，導致大腦和身體產生生物化學變化，大大增加未來精神疾病和健康問題的風險，包括藥物濫用。

有趣且並不為人所熟知的是，文森特・費利蒂醫師意外地首度發現童年逆境（尤其是性虐待）與成人心智健康問題之間的鏈接。一位參與他備受讚譽的減重計畫的患者，在訪談時揭露了她的童年創傷，對費利蒂醫師來說，這迸發出強而有力的一刻，以前在治療減重患者時，他從來沒有詢問過童年虐待問題。當被問及為什麼他從來沒有建立這樣的連結時，費利蒂醫師回答說，他是醫生，不是治療師。[11] 這是多麼強而有力的實例，說明醫學訓練如何以及為何應該囊括創傷覺知教育。

「童年逆境經驗」研究顯示，在每一次逆境衡量中的共同點：欠缺保護。沒有善於保護的照顧者的孩童比有善於保護的照顧者的孩童承受更多痛苦。經常有人引述「美國兒科學會」（American Academy of Pediatrics）前會長羅伯·布洛克（Robert Block）醫師的話說：「童年逆境經驗是當今我們國家面臨的最大單一尚未解決的公共衛生威脅。」人們越來越覺知到童年逆境經驗及其後果揭示出，兒童多麼需要始終如一的照顧者善於保護的臨在。研究顯示，如果得到信賴的成年人在逆境期間安撫孩子，那麼愁苦憂傷的影響便不那麼具破壞性，於是那個事件可能不會變成童年逆境經驗。一位兒科醫師非常重視這點：加州第一任衛生局局長兼《深井效應》（*The Deepest Well*）作者娜汀·柏克·哈里斯（Nadine Burke Harris）醫師正在將兒童疾病與毒性壓力之間的點點滴滴連結起來，針對可能進一步傷害脆弱兒童的醫療程序做出改變。[12] 在她受到廣泛矚目的TED演講中，柏克·哈理斯醫師說：「我們今天需要的唯一最重要事情是，有勇氣當面正視這個問題，並說這是真實的。」[13] 童年創傷不是長大之後就可以克服的事。關於「童年逆境經驗」的更多資訊，請見 ACEsConnection.com 上的「ACEs Science 101」（ACEs 科學 101）以及「Got Your ACE Score?」（已取得你的ACE分數了嗎？）。

前三年的保護

安全依附型兒童的最準確預測指標，是前三年期間給予善於保護、善解人意的照顧。在準備分娩時，女性需要支持和覺知，才能充分放鬆，避免不必要的憂傷。

在新生兒生命的最初幾個月，生物過程深受安全或欠缺安全的影響。在大約懷孕六週的時候，胎盤將母親與女兒連結在一起。當母親體驗到恐懼的時候，釋放在她血液中的皮質醇便未經過濾地傳遞給寶寶。於是，焦慮可能會首先在子宮內被體驗到。如果你讀到這句話的時候有一種「原來如此」的感覺，或許長期與你同在的焦慮正在創造新的意義。

新生兒的身體和大腦還沒有適應相對現代的育兒安排，也就是在漫長的工作日、度假、十小時睡眠，乃至醫療緊急情況期間，寶寶與母親分離。對於生活在比較貼近大地的人類祖先來說，這類分離勢必前所未聞。假使你在專家鼓勵「哭泣式睡眠法」的時代出生和長大，那麼可以肯定地說，你很早就適應了恐懼。

在〈母愛的三個基本元素：㈠養育〉那一章，我們談到，對於依附成功而言，母嬰分離的風險有多大。那值得在本章中再次強調。分離對嬰兒來說很可怕，而母親這一方也同樣不好受，原因在於：生存。必須離開自己的小小孩的母親在某種程度上知道，這可能會對她的孩子產生不利的影響，因此她可能難以專注或工作或享受不在寶寶身邊的時光。

柯米薩博士寫道：「安全型依附使分離對孩子來說不那麼痛苦，但是即使孩子有個在情感上臨在的母親，分離也會給孩子帶來痛苦。」[14] 我很喜歡她強調母親不在身邊時，孩子所感受到的痛苦，即使孩子屬於安全依附型。柯米薩正常化了我們在人生中擁有的第一份關係的首要地位。

研究顯示，日托中心中三歲以下的孩童，其唾液中的皮質醇水平高於在家中接受熟悉照護的孩童。[15] 這些研究揭示，多達六三%日托中心的孩童的皮質醇水平升高，這與四種哺乳動物（牛、羊、大鼠、猴子）的發育遲緩和大腦不成熟有關。高水平的皮質醇與導致持續升高的壓力反應的大腦變化有關。[16] 雖然小小孩受益於在日托中心和學前班中的社會化，但是在兩歲之前，他們在心理或情感上並不具備與同儕互動的能力。[17] 當早期的依附需求得到滿足時，與同儕玩耍便進行得比較順利。依附必須出現在社會化之前，而不是反其道而行。

身為母親兼臨床醫師，我對柯米薩關於ＡＤＨＤ（注意力不足過動障礙症）和其他行為問題的發現並不感到驚訝：「我看見社會越來越貶低為母育兒的價值，同時將工作理想化。

與此同時，我看見越來越多的問題兒童越來越早地被診斷出患有ＡＤＨＤ、早期攻擊行為，以及其他行為和社會障礙，並用藥物治療。許多人說這兩種現象完全無關。我卻相信它們是相關連的。」[18]

小小孩依靠他們與母親的關係來緩解伴隨全新體驗而來的焦慮和壓力。這份關係的保障是依附和安全感的基礎。在與可預測、溫暖的照護連結的過程中，信任隨之增長，安全型依附逐漸發生。如果你在成長過程中沒有安全感，那麼在小小孩身上顯而易見的分離焦慮可能仍舊與你同在。當你獨自一人或當某人離開時，你可能會感覺到深度的不安。

許多人主張，鼓勵母親與嬰兒在頭一千天內保持親密的連結，在某種程度上是反女權主義。但是實際情況並非如此。女權主義是關於擴展女性的選擇。選擇越多，隨之而來的責任也就越多。

我們做出的選擇有回報與後果。當我們擁有完整的資訊時，便可以做出更好的決定。假使嬰兒照護專家和當局提供整全的資訊並支持母親的本能，那麼關於為母育兒，許多女性勢必做出不同的選擇。或許如果政策允許更長的育嬰假，藉此促進安全型依附，那麼早期時刻和頭幾個月的重要性勢必得到普遍的尊重。

在最初三年中，鼓勵依賴是對未來的獨立和健康的情感投資。但是當母親在早期錯過這個機會，當她們以前順從的兩歲孩子變成憤怒、孤僻的青少年時，許多母親發覺自己一頭霧水。學會依靠自己尋求安慰和安全的小小孩，會成為防衛心重且難以接近的青少年。

觸及內在阿爾法

高登．紐菲德（Gordon Neufeld）博士是溫哥華的臨床心理學家，也是《緊緊抓住你的孩子》（*Hold On To Your Kids*）一書的共同作者，他鼓勵女性在成為母親時觸及自己內在的「阿爾法」（alpha）[19]。他將「阿爾法」母親描述成知道自己在寶寶世界中的力量和首要地位的女性。阿爾法母親聲稱自己是孩子的保護者。

紐菲德主張，誰都可以提供這種強悍的照護，因為脆弱的寶寶非常讓人揪心，誘發我們保護他們的渴望。雖然這是有趣的觀點，但卻過於簡化了一個複雜的課題。某些母親可能會輕易地步入善於保護的母親角色，同樣常見的是，代代相傳的逆境、恐懼、順從削弱了女性的保護本能，凌駕了她有意識地保護自己或自己寶寶安全的能耐。她並非故意造成傷害，但是毒性壓力損害了母親的行為的神經迴路。「事實上，患有產後抑鬱症的母親在回應自己的寶寶的哭聲時，會產生非常高水平的皮質醇，就好像PTSD反應。」[20]

換言之，保護看似自然而然，但是無論寶寶可能多麼可愛或扣人心弦，許多受到驚嚇的女性根本沒有內在的保護資源。某些用過度保護的措施補償，其他則保護不足。無論是哪一種，如果沒有健康的母性保護，女兒可能會在成長過程中錯失掉安全感。

代理母親

為了在最初三年保護脆弱的寶寶，母親們可能需要依賴被稱作「代理母親」（allomother）的照顧者。代理母親可能有或沒有生物學上的關係，但是在情感上卻投入到孩子的幸福之中。父親、祖父母、姊妹、阿姨或姑姑、褓母都可以是代理母親。從歷史上看，代理母親幫助親生母親並不是因為親生母親不在，而是因為她們投入到親生母親和嬰兒的幸福之中。當媽媽洗澡、找東西吃或幫助其他孩子的時候，代理母親便抱著寶寶，跟寶寶玩。

在快節奏的現代世界中，代理母親可能不是家庭成員。她或他可能是褓母。對於成功接替母親任務的代理母親來說，他或她在這個家庭中掙得了一席之地。

假使代理母親花在小小孩身上的時間比媽媽多，那麼為依附過程服務，「最愛」的角色可能會轉移。安全型依附形成於內在與主要照顧者（母親或代理母親）的日常互動。自然而然地，在母親將孩子交給替代的照顧者之際，她可能會體驗到悲傷感，但是這份失落為她的小小孩的健康和幸福服務，小小孩配得一處安全的基地。因此，母親的犧牲具有保護作用。

一旦必須離家外出工作，情況尤其如此。某些研究顯示，財務壓力可能對為母育兒產生負面的影響，因此當母親為了減輕經濟負擔而努力工作時，總體結果可能會對她的孩子產生正向的影響——尤其是有來自可靠的代理母親的支持。不過，柯米薩解釋：「就孩子在父母雙方工作時的心智健康而言，雙親工作的中產階級和中上階級家庭的表現較差……這類孩子感覺到父母的疏離，而且將疏離解釋成拒絕。」[21]

如果找不到代理母親，而且母親因為長時間外出必須依賴日托中心。那麼母親可能需要花更多時間安撫整天想念她的焦慮寶寶或孩子。善於保護的母親以滋養的方式彌補失去的團聚時間，藉此幫助小小孩克服分離焦慮。一回到家便收起手機，扮演起母親的角色，這有助於在分離幾小時後重新建立連結和信任。

若要抵消長時間的分離，最強而有力的保護措施之一是共享睡眠。夜間身體的親近促進感官的連結，容許睡眠時間強化寶寶不成熟的免疫系統和發育中的神經系統健康。我了解夜間睡眠是頗具爭議的課題，這很不幸。睡眠時間不應該對小小孩造成壓力。就跟用餐時間一樣，它是連結、溫暖、安全的機會。分享夜間時間強化依附過程，對小小孩的成熟將會有所助益。因此，共享的睡眠空間就是母親的保護在起作用。（如需更多資訊，請見第三章85頁夜間育兒。）

保護成長中的女孩

隨著小女孩的成長，她們對外在保護的需求也隨之增加。就跟成年人一樣，有人支持的時候，女孩在工作或玩耍方面的表現比較好。女孩們需要安全的避風港，可以在學校度過一天或與朋友相處之後返回——一處她們可以犯錯而不受罰、無所畏懼地學習邊界、從成長的外在壓力中放鬆下來的地方。當母親創造一處適合年齡邊界的安全環境時，女兒表現得最好。有母親的保護，女孩可以容忍來到眼前的各種壓力源。

隨著女兒成長並融入主流文化，母親需要超強能力才能擔任保護者的工作。這個世界似乎決心要偷走女兒的純真。利用和物化她的性愛訊息充斥著媒體，進入我們的家庭隱私。一九九四年，瑪莉·派佛（Mary Pipher）的著作《拯救奧菲莉亞》（*Reviving Ophelia*）風靡全球，啟迪父母們明瞭女兒面臨的風險。二十多年後，新興作者仍然撰寫著同樣關於女孩和壓力的內容。儘管我們努力為女孩們授權賦能，幫助她們導航我們的世界，但是卻沒有太多的改變。在《我們的女兒怎麼了》（*Under Pressure*）一書中，麗莎·達摩爾（Lisa Damour）博士仔細檢視越來越多的女孩在焦慮和情緒問題中掙扎。從二〇〇九年到二〇一四年，感到「神經緊張、擔憂、或恐懼」的女孩人數陡增了五五%，而體驗到抑鬱的女孩比例則從一三%上升到一七%。[22] 根據達摩爾的研究，這樣的增長並不是因為我們比過去更善於偵測這些問題（那是因為我們逐漸看見新的事物）。這個數位世界給女孩和母親增添了新的壓力和焦慮。

當女孩欠缺母親的保護時，她們對恐懼的適應會隨著達到學齡期而變得更加明顯。持續的恐懼產生創傷壓力的症狀。紐約市兒童心智研究所（Child Mind Institute）焦慮症中心（Anxiety Disorder Center）臨床心理學家潔咪·霍華德（Jamie Howard）鼓勵教師們尋找學生的創傷跡象。她說：「可能因為實在精神恍惚而看似患有注意力不足過動障礙症的孩子，實際上可能是由於已經發生的創傷而分心。然後迴避某些事情或對驚嚇反應過度的孩子，可能會看起來對立不合作。」[23]往往，沒有受到保護的孩子在學校或日托中心時顯得過於精力充沛或做白日夢（解離）。過動或漠然只是調節受到驚嚇的大腦的方式。欠缺母親保護的跡象可能看似：

- 學習困難或注意力不集中
- 發呆
- 焦慮以及過度需要取悅
- 完美主義
- 協調問題以及妥協的姿態
- 暴怒或突然流淚
- 胃痛、消化問題、頭痛

習慣於憂傷的大腦和身體，比較容易被在學校漫長的一天期間或之後發生的事情所觸發。對於試圖調節正在發育的神經系統的所有孩子來說，情緒的爆發很常見，但是對於已經有壓力的孩子來說，勞累或飢餓可能會迅速升級成為憤怒或絕望。研究人員把這種現象稱作「點燃」（kindling）。[24]「點燃」解釋了何以某個孩童或成人可以在前一刻看起來還不錯，下一秒卻義憤填膺或恐懼害怕。她非常敏感，因為她的神經系統處於警戒狀態。

隨著小女孩接近青春期，人格適應可能會轉變成情緒障礙，包括飲食問題、睡眠障礙、經痛。

女孩與性

厭女情結解釋了自我憎恨以及厭惡自己的身體。「性警報系統」解釋了性恐懼。將這兩種強大的力量混合在一起，我們便得到損害女性性發育的烈性雞尾酒。十多年來，我一直在撰寫關於女性性行為的相關文章，而且我為這些年來變化如此之小而感到悲傷。雖然女孩們擁有更多獨立的機會，但是她們仍舊與感到安全、身體形象、關係奮戰。性教育並沒有產生太大的改變，除了不幸的現實，也就是誠如我們所知道的，色情是新任老師。[25]在「數位的街角」（digital street corner），女孩們正在學習危險與性相伴前行。勒縛是前戲的一部分。熱辣就是一切。

當女性典範藉由抓褲襠、鋼管舞、看似展現支配而非自由的姿勢，示範性方面的「授權賦能」時，熱辣成為美德出現。在佩吉．奧倫斯坦（Peggy Orenstein）的優秀作品《女孩與性》（*Girls and Sex*）當中，她運用與青少年的訪談來審視我們的女兒們面臨的現代「性方面的勢力」。奧倫斯坦探討了女孩的矛盾，她們擁有更多的機會和教育，但卻仍舊應付著使人喪失人性的性壓力。她分享了一位女孩接受訪談時所說的話，她說：「通常，負面的反義詞是正向，但是當你談論女孩與性時，『蕩婦』的反義詞是『假正經』，兩者都是負面。那麼你該怎麼辦呢？」[26]

奧倫斯坦探討了性的雙重束縛，那是我在我的著作《準備好療傷》當中同樣寫到的。雙重束縛是棘手的情境，在此，所有選擇均導致負面的結果。我發現，從這種雙重束縛中，有四種截然不同的信念為女性而出現：

- 如果我很性感，我就很壞。
- 我必須乖，才值得愛。
- 除非某人在性方面或很浪漫地渴望我，否則我不是真正的女人。
- 我必須性感才可以惹人愛。

這些信念教導我們，若要被愛，我們必須性感。但是如果太性感，我們就很壞。唯有好女孩才惹人愛，但是如果你想要愛，就必須性感撩人。這四種信念製造出心理的僵局，凍結了健康的性發育，也為愛和性設置了舞台，使愛和性變成痛苦或上癮的習性，而不是喜樂和愉悅的表達。事實上，正如奧倫斯坦在她的TED演講中流利傳神的解釋，女孩們通常不會將自己的性快感放在首位。如果伴侶有性高潮，那就夠好了。儘管女孩在某些領域取得了進步，但是對於母親和女兒來說，性別歧視的雙重標準似乎一直困擾著我們。

保護與女性的性行為

母親們時常落在性保護頻譜的兩個極端：要麼過度保護，要麼保護不足。過度保護的母親教導女兒害怕男孩和性。禁慾和迴避是她們的保護策略。當女兒需要幫助時，保護不足的母親卻置之不理。保護不足的母親不會設置宵禁或限制與科技的接觸時間。她們可能會犧牲自己的女兒，反而幫助父親、兄弟、舅舅。那個平衡點在哪裡呢？若要培養在性方面健康的女孩，祕訣是什麼呢？我不確定有沒有這樣的方法。

毒害女性性發育的父權文化同樣訓練我們在教育女兒的時候服從權威。母親們希望教會或學校可以教導女兒關於性和安全，但是這種教育進行得並不順利。「關於性行為，我們教育年輕人的方式是行不通的，我們用暗示色欲是最重要的貪欲以及熱辣是最令人印象深刻的美德的圖像轟炸他們。卻期待他們消除心中本能的欲望和好奇心。」愛麗兒・利維（Ariel Levy）寫道。[27]

當男人成為父親時，關於女性、性別、性欲，他們未經審視的信念可能無濟於事。父親們可能會以公然和隱祕的方式使女性的物化和受害延續下去。有時候，在女兒進入青春期且身體發生變化之際，父親自己的色欲會洩露出來。父親們評論這些變化的方式可能會令女兒討厭或困惑。無法保護女兒的父親可能會表現出不當的行為，例如評論女服務生的外貌或將女兒的身體與母親的身體作比較，以身作則教導女性就是物品。

在一項最近的研究實驗中，一位媽媽花了七天時間在線上假裝成十一歲的女孩。她上傳了一張普通的照片，搭配說明文字：「很高興本週末可以在卡莉的派對上見到我的朋友們！好愛你們喔！」在資料發布後的幾分鐘內，這名假冒的十一歲女孩收到七通視頻電話，與十七名男性簡訊聊天，而且看到了其中十一名男性的生殖器。[28] 在致力於兒童安全的科技公司巴克（Bark）負責特殊專案團隊的斯隆·萊恩（Sloane Ryan）報告說，在二〇一八年，巴克請美國聯邦調查局（FBI）戒備九十九名兒童掠奪者，而在二〇一九年，這個數字超過三百名，而且還在不斷增加。萊恩舉例說明了掠奪者如何說話：

你好漂亮。

你應該是模特兒。

我年紀比你大。

寶貝，如果你在這裡，你會怎麼做呢？

如果你在這裡，你會（有性行為）嗎？

寶貝，你以前見過嗎？

寶貝，你真美。

跟我說話吧，寶貝。

寶貝，我想要你（有性行為）。

寶貝，開視頻聊天吧。

別害羞，寶貝。[29]

簡言之，不受保護地存取開放的網際網路（Internet）對兒童來說並不安全。雖然網際網路存取提供了學習的機會，但是對於努力保護女兒免於掠奪者和有害的性愛素材侵害的母親來說，這也是額外的負擔。網際網路是快速成長的怪物。輔導因為這個問題而不知所措的父母時，我讓這事保持簡單，將無人監控的網際網路視為古柯鹼。雖然這可能聽起來很極端，但是它卻把重點說得很清楚：網際網路令人成癮且危險。孩子們需要有電子裝置的監督和限制。

兄弟姊妹與保護

當還是小女孩的女兒被置於照顧兄弟姊妹的位置時，她們發現自己面對著沒有準備好迎接，也沒有權利選擇的成人責任。當珍妮特還是小女孩的時候，母親病得很嚴重。照顧哥哥和爸爸是珍妮特的職責。她才六歲就學會了鋪床、準備餐點（主要是鮪魚三明治）、打掃房子。成年後，珍妮特討厭做飯，也受不了鮪魚的味道。她很少離開自己住的房子。珍妮特的故事可能看似極端，但是母親讓女兒當褓母或管家的情況並不罕見。雖然幫助家庭擺脫困境可以為女兒創造歸屬感，但是當工作太多且太過寂寞的時候，照顧就變得令人害怕。那份責任太大了。

此外，當孩子承擔太多母親的工作時，兄弟姊妹便失去了成為兄弟姊妹的機會。一個孩子成為照顧者，肩負重責，同時弟弟妹妹則感到被操控、妒忌或受害。我的個案蘿絲在父母親離婚前是獨生女，然後她母親開始與一位有個寶寶的音樂家約會。蘿絲九歲的時候發現自己要負責照顧小繼妹。她母親因為新朋友和夜間活動而分心，經常把寶寶留給蘿絲一個人。蘿絲被那份責任以及沒有母親在家的寂寞夜晚壓得喘不過氣來。「有時候，寶寶哭個不停，似乎怎麼做都無濟於事。我打電話給媽，可是她只告訴我讓她哭。太可怕了……聽著那個小寶寶哭個不停。」

可以理解的是，蘿絲在成長過程中感到疲倦、憎恨、擔心自己不喜歡寶寶或小孩。她延遲了組建家庭的時間，深信自己會是糟糕的母親。然而，經過幾年的治療，她改變了主意。治癒被母親忽視的痛苦幫助她重拾失去的青春，而且關於母親身分，她做出了比較有意識的決定。

母愛飢渴頻譜

孩子們所面臨的逆境並不一定嚴重到會造成深度的生理和心理變化，從而導致「母愛飢渴」。對每一個女兒而言，母愛飢渴的嚴重程度都是獨一無二的，而且適應的強度取決於失去母親保護的程度以及是否有安全的成年人替代。

在青春期和成年期，適應可能會看似持續的輕度抑鬱或慢性焦慮。注意力問題、過動、完美主義也是「母愛飢渴」的證據。上癮的習慣也是——上癮是一種自我安撫，也是避開痛苦的機智方法。

假使你沒有足夠的母親保護，希望你帶著生活的焦慮和壓力現在變得比較合情合理。保護自己那麼多年需要付出代價。帶著恐懼和焦慮生活會削弱你的免疫系統，使你容易出現偏頭痛、關節疼、腸道疾病、經前綜合症疼痛或自身免疫問題等身體症狀。你可能會被有權有勢的人所吸引，對方善於操縱，而且可能很危險。你可能會有上癮或強迫行為。

在真正有可能改變之前，某些事情實在很難了解。理解你的症狀與欠缺母親保護之間有何關係可能會減少你的羞恥感。沒有額外的羞恥負擔，療癒可以比較自在地流動，因此，假使你與上癮奮戰，解決上癮的行為正是朝著正確方向邁進的有力步驟。上癮總是導致羞恥，而羞恥則干擾需要你照顧的正當傷害。

許多人疲倦了。多年來，你們一直努力保護自己，而且因為工作太多或太過辛苦，因為暴飲暴食和吃得太少，或因為以毀滅的方式愛人，你們枯竭了。

一開始，上癮可能作為一種撫慰母親以及適應她的脆弱的方法。上癮的行為開始於純真的希望，希望如果我可以只做對的事（說對的話，行為端正），她就會保護我並愛我。我就可以冷靜下來。嘉柏・麥特醫師說明：「每一種上癮的核心都是空虛，奠基於悲慘的恐懼。」[30]上癮是企圖調節恐懼和絕望——不惹人愛或孑然一身的恐懼，在沒有基本安全感的情況下滋長的恐懼。

以下是幾個常見範例：

- **愛情成癮**：與戀人在一起不知不覺地獲得母愛。愛情成癮可能包括貪得無厭地渴望身體的接觸，有時候這可能導致性愛成癮。
- **飲食模式**：藉由需要限制食物的某種看法爭取母親的認可。有時候，暴飲暴食是對善於操控的母親展現憤怒。
- **過度工作**：強迫性忙碌可能會在孩提時代得到母親的認可。身為成年人，它可能會為你帶來小時候渴望得到的安全感和操控感。
- **過度鍛鍊**：鍛鍊到受傷的程度然而卻無法休息，那是感到不安全的跡象。

以上這些上癮傾向哪一項與你產生共鳴呢？

揭露恐懼

❖ 回想你孩提時代感到安全的某段回憶。當時發生了什麼事？有誰在場？
❖ 你如何在當前的生活中重新創造那份安全感呢？
❖ 回想過去某個令人害怕的時刻。當時發生了什麼事？有誰在場？當時你媽媽在哪裡？
❖ 你是否在當前的生活中重新製造恐懼？

拯救焦慮

當焦慮變得強烈時，嘗試一下這個古老的快速干預法。「鼻孔交替呼吸」（alternate nostril breathing）是某些哈達瑜伽（hatha yoga）修習法的一部分，當你醒來感到焦慮或難以入眠時，這是非常有幫助的練習。這個方法甚至可以在塞車時派上用場。

「鼻孔交替呼吸」有助於放鬆身心、降低神經系統的活動、帶來總體的幸福感。「科學建議你刺激大腦的兩側，而古老的智慧則相信你在鼻孔交替呼吸之中獲得能量的平衡。」31

一開始，按住一側鼻孔，透過另外一側鼻孔吸氣，數到五。按住兩側鼻孔，數到五。然後從另外一側鼻孔呼氣，數到五。重複幾次，直到你感到放鬆為止。

練習鼻孔交替呼吸可以干預恐慌發作，也可以幫助你變得更加專注和覺知。假使你喜歡這種呼吸方法的效果，那麼定期練習可以幫助你變得更加正念用心以及增強你的療癒。

替換掉母親的保護

夢是進入靈魂的窗戶，飽受欠缺母親保護之苦的女性必定有噩夢般的睡眠模式和夢境。在我多年的臨床實務中，我注意到這些夢的一個主題。像小女孩一樣沒有安全感的女性夢見房屋淹水、火災，或齧齒類動物大批出沒。她們被困在屋子裡，獨自一人。沒有慰藉。然而，隨著治療的進展，這些夢改變了。我知道，當齧齒動物消失時，當走道通向以前不存在的神奇房間時，當戶外鮮花盛開時，療癒正在發生。隱喻身體的那個家，此刻正在綻放。

由於多年的實務經驗，我深信，你可以運用觀想和正念開始療癒你的大腦。從你感到舒服的時候和安全的地方開始，也許就在夜間睡覺之前開始。閉上雙眼。想像你夜間做夢時看見的那個家。在家裡感覺如何呢？它看起來是什麼樣子呢？在這個家內外，你需要什麼才能感到安全和溫馨？

睜開雙眼。現在看一下印刷雜誌裡或網際網路上美麗家園的照片。聚焦在使你心情愉快的圖像。當你感到精神提振時，沉浸在那份感官覺受之中。美對你的大腦有好處。你正在建造一處夢想的家園，它將會成為你的安全地帶——這地方可以安撫長久與你同在的恐懼。慢慢來。在這個練習中好好發揮創意，將圖像加入書籤或將它們張貼在你的空間周圍。你正在策劃一處沒有威脅的內在避難所。

每晚準備睡覺時，請在腦海中瀏覽這些圖像。閉上雙眼，蓋上厚毯子，讓頭腦想像住在你設計的這個地方會是什麼樣子。這種有意識的夜間儀式直接影響你的內在家園。隨著頭腦中景致的改善，你的睡眠品質以及隔天一整天的心情也會跟著改善。

第7章

母愛的三個基本元素：（三）指引

女兒觀察母親，尋找如何成為女人的線索。她研究母親的朋友、母親的風格、母親的言談舉止、母親與男人的關係。因此，母親是嚮導。撫養女兒的母親絕不會真正下班。她以身作則，教導女兒溫柔和堅強，愛人而不放棄自己、照顧自己女性的身體。知道如何休息以及照顧自己的母親教導自己的女兒，她有價值而且很重要。

被誤導的母親

在討論健康的母親指引之前，重要的是要承認，關於為母育兒，多年來女性得到破壞性的誤導。過去十年來，母親們學到，配方奶是寶寶的最佳營養品，而哭泣式睡眠法是培養獨立的方法。一代代善意的母親學會了忽視自己的直覺，在駕馭伴隨母親身分而來的情緒時聽從了「專家」的說法。成為母親是與眾不同的轉型，悲慘的是，關於早期的依附需求，醫學界與兒童發育專家當前並沒有相關資訊。基於這個原因，許多母親需要更好的指引，才能為她們的嬰幼兒做出重要的抉擇。

經常，當女兒開始有問題的時候，母親們會尋求心理治療，往往就在女兒念中學左右。

在這些充滿挑戰的時期，母親們可能會辭掉工作或嘗試其他方法，以便與處在危機中的十幾歲的女兒有交集。自然而然地，她們想要指引自己的女兒。一次又一次，當事情進展不順利的時候，我聽見她們的失望和驚詫。諸如「她不聽我說」或「她總是生我的氣」之類的發言充斥著治療室，她們納悶自己甜美的小女兒哪裡去了。

為了使母親的指引有成效，首先必須有可信賴的連繫。對於錯過了早期母親養育或保護的女兒來說，母親指引的重要角色便大打折扣。從小就學會「吸收」分離焦慮或保護自己的女兒們已經踽踽獨行了好長一段時間。當母親突然間想要比較投入時，許多母親是很難介入的。在這種情況下，難免有衝突：母親想要幫忙，但是當她的努力沒有被好好接受時，她便覺得無人讚賞。當母親看不到女兒已經長多大了，女兒會很生氣。母親可能會要求尊重她那些引發恐懼或善於操控的行為。這不是母親的指引。操控教導人順服。順服的女兒很有可能逐漸成為脆弱的女性，沒有健康的邊界或自我覺知，因為她們學會了撫慰自己的母親。

當母親的指引有害時

母親的指引是犧牲時間、智慧、能量，加上並不保證女兒一定會欣賞這番努力。事實上，隨著女兒逐漸意識到自己是誰，期望從女兒那裡得到感激或肯定的母親會給女兒帶來不必要的負擔。艾德莉安・布羅德（Adrienne Brodeur）的回憶錄《狂野遊戲》（*Wild Game*）一直是一種文學現象——這本回憶錄因其華麗的文筆以及作者揭示的複雜情感背叛，引起了全美的關注。對我們來說，它是非常真實的例子，顯示欠缺健康的母親指引如何阻礙女兒的情感發展以及損害女兒的性愛純真。

故事開始於艾德莉安十四歲那年的夏天，從一段浪漫戀情開始——不是人們可能期待的某位如花似玉的年輕女子的故事，而是一齣演員被分配了錯誤角色的戲劇。艾德莉安並不是浪漫戀情的主角，主角反而是她無邊無界的母親瑪拉芭（Malabar）。瑪拉芭擁有貪得無厭的力量，她搶盡風頭，同時傾慕她的替身則模仿著一舉一動。

透過艾德莉安警覺的目光，我們坐在前排，看著瑪拉芭與丈夫的摯友班恩（Ben）的戀情。我們目睹瑪拉芭表現得就像十幾歲的少女，她對班恩的癡迷接管了一切。就跟多數人墜入愛河時一樣，瑪拉芭想要一個證人，可以與之分享興奮雀躍的人。不幸的是，瑪拉芭並沒有求助於適齡的朋友，或許甚至是治療師，而是利用了女兒，她深更半夜把女兒叫醒，為的是訴說她對班恩的感情。聽起來比較像是女學生而不是母親，她懇求道：「難道你不替我高興嗎，芮妮？」我們順著艾德莉安的目光看去，得到母親的信任令她激動高興。「我看著她的臉，看進她的雙眼，黝黑而閃耀著希望，於是突然間，我為她高興。而且對我而言，瑪拉芭墜入了愛河，而她挑選了我作為她的知心密友，直到那一刻，我才意識到自己渴望那個角色。」[1] 於是就像這樣，我們心甘情願、脆弱的故事敘述者發現自己陷入了三角戀情。

隨著瑪拉芭將女兒捲入她的祕密戀情，她對浪漫情懷永不滿足的貪欲吞噬了女兒的空閒時間。瑪拉芭分享了每一個細節，把女兒當作朋友，藉此創造出一種動態，讓艾德莉安覺得「那個『我們』一直是母親和我」，而不是瑪拉芭和班恩。[2]

透過如此無言的鏡映過程，女兒天生就向母親學習。理想情況下，為了讓這種學習感覺良好，我們想要仰慕我們的母親——想要得到母親的啟發。我們看見艾德莉安渴望為母親感到驕傲，她設法在腦海中證明瑪拉芭的婚外情正當有理。

或許這可以是件好事……或許秋天開學時，媽媽會穿好衣服和大家共乘一輛車。不再是外套披在睡袍上，或是床單在她早晨浮腫的臉上留下印痕。也許她會梳理頭髮，在雙唇上塗抹一些唇彩，跟所有其他母親一樣，用愉快的「你好」向我們這些在上學路上的孩子們打招呼。[3]

利用女兒建立友誼的母親不僅濫用她們的權力，她們還迴避長大。她們走在通向成年的捷徑。這些母親沒有面對自己的不安全感，也沒有冒險與成年女性建立連繫（對方可能會批判或拒絕她們），而是沉浸在女兒的容易親近、脆弱易感、欽佩仰慕之中。

電影和文學作品時常浪漫化了母女倆是最佳摯友的想法。為了說故事，好萊塢賦予孩子們宛如成人的人格特質。「迷你我」（mini me）或「閨蜜」之類提及女兒的詞語隱藏著母親作為嚮導的重要角色。但是，認為母女可以成為最佳摯友的想法忽略了她們之間的權力不平衡。女兒愛母親，但是她對母親的需求不同於她對朋友的需求。她需要母親的養育、保護、指引——一種超越友誼的職責描述。

糾纏的危險

當艾德莉安向讀者解釋，母親是「我生命中最核心且最重要的人物，即使我並不希望如此」[4]的時候，她將一則令人矚目的事實分享給許多女性。在偷來的私密時刻，瑪拉芭濫用了女兒的仰慕之情。《狂野遊戲》引人入勝地展示了一種被稱作「糾纏」（enmeshment）的陰險情感虐待。

當父母一方操縱孩子以滿足自己的需求時，就會發生糾纏。阿根廷家族治療師薩爾瓦多．米紐慶（Salvador Minuchin）開發了結構性家族治療，他首先命名了「糾纏」的概念，以此描述成年子女以犧牲自己的利益或信念為代價而堅持父母的利益或信念的家族系統。[5]肯恩．亞當斯（Ken Adams）博士在他的著作《沉默無聲地誘惑》（*Silently Seduced*）當中進一步改編了糾纏的概念，認為糾纏是隱蔽或情感的亂倫。當糾纏的父母將孩子視為伴侶時，就會發生隱蔽的亂倫。以此方式，一種心理上的婚姻在父母一方與孩子之間成形，在此，孩子對父母一方過度忠誠。[6]女兒很少將父母的糾纏視為有害的，因為脫穎而出的感覺很好。被選為最愛看似一種特權。但是代價高昂。當母親的照護過於強烈時，陷入糾纏的女兒會迎合母親的心情、需求、渴望，同時失去認識自己的心情、需求、渴望的機會。

如果糾纏描述了你的成長經歷，我希望你知道，感到被利用和憤慨其實很正常。你累了。你可能會覺得好像自己已經結婚了，所以你逃避親密關係。無意識地，對某人做出承諾感覺好像背叛媽媽，或者坦白說，就是太過筋疲力竭。假使你真的做出承諾，通常會挑個毫無新意的伴侶——以此方式，你讓與媽媽的主要連繫保持完整。這裡內含某種選擇上的損失。你的身體在沒有你的認知覺知的情況下正在為你做出決定。隨著體認到糾纏的後遺症，你就可以擺脫作為你的母親的源頭的責任，重拾你自己的權威。

女兒的鏡映

每一個女兒天生都鏡映自己的母親，將母親的思想、情感、夢想吸收到自己身上。「與她們體驗成明智而良善的某人建立連結，為她們創造出體驗自己也是良善的可能性。」[7] 但是有些母親沒有慈愛指引的工具。當母親的行為令人不快時（例如發生外遇、與女兒分享細節、操縱女兒參與），女兒的心靈便鏡映出那段經驗。這樣的鏡映製造出不屬於女兒的罪疚和羞恥。

《狂野遊戲》栩栩如生地描繪了一幅有害的鏡映畫面，於是我們看見瑪拉芭在她女兒的背上留下了罪疚和羞恥的後遺症。瑪拉芭不顧艾德莉安的幸福，竊取了女兒的純真，用不忠的行為玷污了女兒。

不忠與隨之而來的謊言通常使人感到罪疚。但是瑪拉芭的情況並非如此。她似乎從來不為自己的性行為或育兒選擇感到不安或尷尬。對於偷走女兒上大學的時間，她毫無悔意。對於讓艾德莉安捲入為她大規模掩飾婚外情，她也沒有任何歉意。

當一個人以無恥的方式行事時，不被承認的羞恥往往便附加到另外一個人身上。維吉尼亞州利斯堡（Leesburg）關係恢復中心（Center for Relational Recovery）的創辦人兼臨床主任蜜雪兒·梅斯（Michelle Mays）優美地解釋了這種作用關係：「當某人行為冒犯或違規時，他們沒有連結到健康的羞恥感……溢出到被冒犯的一方（遭背叛的夥伴），後者最終背負著發生之事的羞恥感。」在治療圈，我們把這種心理現象叫做「背負的羞恥感」（carried shame）。

背負的羞恥感

在《狂野遊戲》中，瑪拉芭有好幾位受害者可以背負她的羞恥感，但是艾德莉安最為年幼也最為脆弱。這個故事的核心罪行與其說是對婚姻的不忠，倒不如說是盜用敘述者的童年。艾德莉安是真正遭到背叛的夥伴，更甚於瑪拉芭的丈夫查爾斯（Charles）。我們看見艾德莉安帶著不屬於她的罪疚和羞恥感苦苦掙扎。「每當母親不在的時候——據稱要拯救茱莉婭（Julia），但實際上卻是與她丈夫的摯友待在旅館房間內——照顧查爾斯是我的職責。」8

雖然艾德莉安形容照顧她的繼父「並不困難」，但那是一種不屬於她的情感負擔。瑪拉芭使她陷入了難以對付的心理束縛。

> 照顧查爾斯唯一困難的部分是撒謊……起初，感覺很簡單。但是久而久之……那變成了沉重的負擔。當你對你愛的某人撒謊時——何況我確實愛過查爾斯——更甭提當你的謊言說得太過頻繁以至於謊言看起來比實際真相更加真實的時候，你失去了唯一重要的東西：真正連結的可能性。第一個謊言從我嘴裡說出去的那一天，我便失去了與查爾

斯連結的能力。久而久之，我也開始失去與自己連結的能力。[9]

我們可以看見艾德莉安的掙扎，彷彿騙人的是她而不是她母親。艾德莉安背負著她母親的羞恥感，而且在這個過程中失去了她的純真。

當瑪拉芭面臨被發現的可能性因而情急煩躁時，她的嚴重誤導越演越烈。她打電話給離家上大學的艾德莉安，驚呼道：「班恩是我的一切，絕對是我的一切。如果失去他，我的人生就不值得活了。」[10] 在瑪拉芭厚顏無恥地分享內心深處的想法之際，情感的糾纏逐步升級成危機，使艾德莉安瞬間了解到，她在母親眼中沒有任何價值。「如果班恩是母親的一切，那我算什麼呢？難道我也不值得她為我活下去嗎？」然而另一方面，她的愛和忠誠屬於瑪拉芭。她擔心母親的生命安全。她別無選擇。因為瑪拉芭的恍惚，艾德莉安聚集了她寶貴的能量，放棄了大學學業，拯救了無情的母親。

在《狂野遊戲》中，在我們看見瑪拉芭誤導艾德莉安之際，母親的指引實在令人心碎。她的功課包括誘惑、祕密、操縱。如果你的母親讓你扮演她的朋友的角色，你可能會不自覺地相信，使她快樂或肯定她的為母育兒是你的職責，或不自覺地認為，該由你為她的生命賦予意義。你可能會矛盾掙扎，感到罪疚，因為你想要自己的空間。

女性氣質的培養與母親的指引

母親的指引很少得到文化的尊重，因此許多善意的母親對於為自己的女兒塑造女性力量感到困惑。

女性氣質的培養，或學習「女孩密碼」（girl code），不僅大大影響女性從事的工作，而且影響女性在與男性的關係中應該如何表現。女孩密碼教導女性在相互競爭吸引男性關注的同時，如何服務、誘惑、順從男性。覺察到這些文化訊息的母親設法將「女孩密碼」對女兒的影響減至最小。藉由監控媒體曝光率、與伴侶和兒子共同分擔家務勞動、慶祝女兒的成就和才能，有智慧的母親盡最大努力減輕有害的女性氣質培養。但是儘管驚人的努力，代代相傳的母性傳承卻可能會在母女之間傳遞女孩密碼，悄悄地感染女性提供的指引。受損的母親指引以多種方式出現，其中包括：

- 與女兒爭奪伴侶的關注
- 帶著怨恨承擔家務的重擔
- 重視兒子，不重視女兒
- 以成癮和隱密的行為逃避現實

可以理解的是，當母親們親眼目睹自己的女兒成為年輕女性時，她們可能會默默地悲慟自己逝去的青春和美麗。但是當母親們對這個成年儀式處置失當，而且藉由與女兒競爭來竊取如花盛開的女兒的喜悅時，女兒便失去了一位值得信賴的嚮導。在這個過程中，母親們有時候教導自己的女兒，女人是不可信賴的。

把文化的影響當作指引

沒有健康的母親指引，女兒們便任由建構女性氣質的文化影響擺布。成為女性是生物學，但「女性氣質」卻是奠基於多種系統因素的社會和文化創造。好幾代人以來，女人們了解到，價值來自於待人友善和有吸引力。雖然教育和職業選項擴大，但是在職場上表現憤怒是男性的專利。媒體是女性氣質培養的一部分，因為「男性凝視」利用女性的身體行銷和娛樂。《喧囂雜誌》的編輯梅麗莎・科貝爾在描述自己的情況時，出色地解釋了女性如何大大受到女性氣質培養的影響：

一方面，（文化告訴我）我對我的身體、我的抉擇、我的人生，有代辦權、自主權、責任。另一方面，（更大的文化卻教導我）我其實不知道什麼對我最好。說出事情的真相使我不被信任。我的母親懂得比較多。我的父親、我的老師、我的長輩通常懂得比較多。然後，當涉及我的欲望時，男人比我更了解，不然就是應該比我更了解。那些不好的欲望除外，只要知道哪些是不好的欲望，就比較容易了。[11]

文化的編程大大影響母親和女兒，複雜化了母親在性行為方面的指引。作為母親的替身，我們形成內在的羅盤，藉由觀察她，指揮我們對自己身體的欲望和感受。隨著我們的身體發育以及首先感覺到性欲，許多人感到困惑。我們陷入性和社會的雙重束縛，要求我們同時要乖（聖潔、純潔、犧牲）又要壞（性感、色情、誘人），不確定該如何以健康的方式駕馭情欲。當母親本身無法與這樣的雙重束縛和平相處時，我們就要靠自己找到其他嚮導。

父親與女兒

談到指引，如果父親參與其中，女兒將會受益。研究顯示，重視關係的父親比較有可能擁有安全依附型的孩子。父親的主要工作是保護和支持母親，讓母親可以在最初幾個月和幾年為女兒打好基礎。然而，一旦這個基底穩固了，父親們就有更多的時間上台。研究闡明，父親的玩樂敏感度似乎是孩子的依附過程的關鍵部分，就跟母親的照顧敏感度一樣。[12] 玩樂是父親的愛和指引的語言。

父親的指引以讚美、給予有限的幫助、分享時間的形式進行，它可以增強女兒的自信心。研究顯示，如果父親喜歡女兒且鼓勵女兒的天生優勢，女兒就更有可能看見自己很能幹。研究顯示，如果父親參與女兒的家庭作業並鼓勵女兒去上有挑戰性的課程，女兒便擁有較優的社交能力、較佳的學習成績、較少的行為問題。有趣的是，這類父親的女兒在成年後也比較有可能從事高薪工作。13

不幸的是，被誤導的父母有時候會爭奪女兒的愛和奉獻。他們錯過重要的事實：父親和母親都是必要的，都有其獨一無二的目的。他們倆都不可能始終是「最愛」。當父母輪流擔任主要嚮導時，那會很有幫助。女兒們無條件地愛著她們的父母或照顧者，希望他們快樂。但是當父母不確定自己的目的，且期待女兒選擇其中一方而非另外一方的時候，那就不公平了。假使你的父母親使你處在選邊站的位置，你很有可能因為被置於他們的不安全感中間而帶著揮之不去的悲傷生活。你的療癒的一部分，就是放下從來不是你該要背負的這份情感負擔。

父親在性方面的指引

女兒從父母雙方學習與性相關的知識。在成長過程中，女兒觀察父親如何對待母親，以此了解男人如何與女人相處。當父親從愛好和工作中抽出時間與媽媽相處時，女兒便觀察到，父親優先考慮母親。當父母彼此共享、一起玩樂、互相表達愛意時，女兒便得到強大的緩解，不受家庭以外的主流文化功課的影響。

但是正如我們在第五章中討論過的，父母是我們的文化以及滲透到我們的性景觀之中的意識形態的產物。因此，女兒們看見父親批判和評論女性的外貌並不罕見。沒有覺察到他們對性愛指引有巨大影響和責任的父親們可能會把「更衣室談話」（locker room talk，譯註：指男人之間的談話）帶到餐桌上，或在餐廳裡與女服務生調情。女孩們從這樣的父親那裡學到，女性的力量伴隨性魅力而來，性感可以得到別人的關注。諸如此類性愛方面的雙重標準的明顯跡象教導女兒該如何表現，使主流文化的性愛訊息延續下去。

在一個色情內容可以輕易取得、沒有隱私可言（而且未必被視為有問題）的世界中，引導女孩走向健康的性行為看似不可能的任務。一位同事最近與我分享了她的個案如何大聲說道：「我從十二歲開始就一直在看色情片……現在終於可以身歷其境了啊！」我的一位個案，瑪麗亞，擁有博士學位以及忙碌的事業，她告訴我，她曾經感受過的最強大力量是，在她二十出頭時，她用性換取了金錢。「我父親永遠不會承認，但是如果他可以看見我如何執行，他一定會很自豪。」瑪麗亞對她父親對她的性執行力的看法可能準確，也可能不準確，但是傳達的訊息卻很明確：性、男人、權力相互鏈結。

性方面的羞恥感

在父權制文化中的所有女性都極易受到性羞恥感的影響，但是對於被邊緣化的女性族群來說，有害的性愛訊息的後遺症可能會越演越烈。有色人種女性和女同性戀者並不符合白人異性戀的規範，她們成為媒體和電影中不受歡迎的性關注目標。女同性戀者時常被迫以異性戀女性所沒有的方式積極面對自己的性欲。[14] 對女同性戀者來說，母親指引的課題層次複雜，因為她期待母親可以理解自己。母親與女兒很難深入探討性方面的主題，何況在原本的混雜中又加入恐同症，於是它成為使母愛飢渴化膿潰爛並污染女兒核心自我的配方。當性身分威脅到歸屬感的時候，可以理解女兒可能會向母親隱瞞真相，以此避免有可能被拒絕。無論基於哪一種原因，無法與母親討論性以及提出問題的女兒可能會過著隱祕的生活，那不只是寂寞，也是上癮和其他有害行為的溫床。

母愛飢渴與失去母親的指引

身為女兒，你可能已經錯失了你需要從母親那裡得到的指引。

也許你學會了，與眾不同並不安全——你可能已經注意到母親心中隱藏的希望，希望你會跟她一樣。為了避免批評，你學會把洗好的衣物摺疊得跟她一樣，按照她想要的方式整理頭髮，並在她有壓力的時候跟她保持距離。如果你的意見跟她的不一樣，你學會了保留自己的意見。

或許，你的母親需要你超越她，成為更好的某樣東西。你必須一鳴驚人，她才可以對自己的感覺比較好。她對你天生的錯誤沒有什麼耐心，因為你的行為反映了她的為母育兒能力。她未曾活出的人生是你要實現的人生。

如果你認同母親的指引不力，你可能會時常感到焦慮，因為你的行為和成就並沒有反映出你的真實渴望。或許你的人生感覺就像製作著你母親的簡歷，而不是打造你自己的旅程。

欠缺母親指引的人生可能會導致以下幾點特徵：

- 在關係中過度照顧
- 深度的不安全感
- 難以做出反映自己渴望的決定
- 長期罪疚以及認為自己永遠不夠的信念（對你母親而言）
- 不斷拿自己與其他女孩和女人比較
- 不滿意你的身體形象和外貌
- 對施虐者忠誠，通常是你母親或跟她很像的人
- 過度干預自己的孩子，外加為了照顧母親而週期性遺棄自己的孩子

沒有健康的母親指引，很難完全融入並了解自己有形和無形的價值。克莉絲蒂安・諾瑟普醫師寫道：「我們的文化給予女孩（錯誤）的訊息，讓她們以為自己的身體、生命、女性氣質需要道歉。」[15]這使得歸屬感成為一種挑戰。

最重要的是，我們想要歸屬感以及被其他女性包括在內。但是一路走來，我們可能會發現，歸屬感意謂著隱藏自己的實力。為了融入，我們局限自己。在貶低同理心、協作、連結

等品質的文化中，擁有自己的屬性可能感覺好像負債。

「母愛飢渴」的傷害和渴求的部分等於是探求你的母親的力量。療癒意謂著你以感覺健康而有建設性的方式認領自己的力量。成為自己人生的權威可能需要你找到新的嚮導和典範——啟發你的人們。療癒母愛飢渴使你有機會重建受損的夢想和目標——而且不再因為身為女性而道歉。

找到指引

❖ 當女人有什麼好處？

❖ 當女人有什麼難處？

❖ 另外一個女人何時為我挺身而出呢？感覺如何？

❖ 我上次為另外一個女人挺身而出或支持對方是什麼時候？

❖ 女人到底是什麼樣子的呢？

❖ 你仰慕你的母親嗎？

❖ 你母親與其他女性有友誼嗎？她們的關係快樂嗎？

❖ 關於性，你從你母親和其他照顧者那裡學到了什麼？

❖ 在你的人生中，有沒有你既仰慕又可以信任的女人？

根據上述問題的答案，你可以辨認你哪裡需要指引。指引需要一個典範。在你的人生中，誰似乎解決了你目前面臨的課題？她如何對待她的朋友呢？其他女人喜歡她嗎？

當你找到一個典範時，花時間與這名女性相處。如果她是電視上或電影中的人物，想像一下她可能會做什麼。替換掉母親的指引是你的機會，可以選擇你所仰慕並向她們學習的女性。

第8章

三級母愛飢渴

在密切地輔導遭受母愛飢渴之苦的女性幾年之後，我體認到這種傷害的範圍很廣。雖然「母愛飢渴」對每一個人來說普遍都不愉快，但是某些形式的「母愛飢渴」比其他形式糟糕。警告：本章揭示，當女兒體驗到母親的殘酷時，會發生什麼事。如果這不是你的故事，你可能會想要跳過這個部分。如果你在虐人的母親手中倖存下來，那麼本章是獻給你的。它將會證實你的絕望，但是閱讀這一章也會很艱難。療癒——辨認、理解、憶起——可能跟當初的虐待一樣疼痛。

悲慘境遇的偶像歌手

以兩位將歌聲帶進我們心中的偶像級女性的獲獎表演，三級母愛飢渴栩栩如生地呈現在大銀幕上：芮妮．齊薇格（Renée Zellweger）在二〇一九年的奧斯卡獲獎影片《茱蒂》（*Judy*）當中飾演茱蒂．嘉蘭，以及瑪莉詠．柯蒂亞（Marion Cotillard）於二〇〇七年在《玫瑰人生》（*La Vie en Rose*）當中飾演愛迪．琵雅芙。兩部難以置信的電影都生動地描繪了兩個女孩在生命的最初二十四個月中體驗到母親的虐待和遺棄。她們都是由不想要她們、無法照顧她們的女人所生，兩人都在各自的人生旅程中飽受巨大的痛苦。悲慘且有著驚人相似之處的是，她們倆都早早便香消玉殞。

茱蒂・嘉蘭就是《綠野仙蹤》（*The Wizard of Oz*）裡深受大眾喜愛的桃樂絲（Dorothy），她因為酒精和毒品引起的併發症去世，享年四十七歲。愛迪・瑟雅芙有時候被稱作法國的茱蒂・嘉蘭，她也於四十七歲那年死於與毒品和酒精有關的肝臟併發症。在她們煩憂的短暫人生當中，兩位女性都經歷過不可估量的掙扎，她們多次結婚又離婚，賺錢又賠錢，與包括上癮在內的健康問題奮戰。

十一歲的時候，茱蒂・嘉蘭「唱得像年齡比她大三倍的女人，帶著一顆破碎的心。」[1]深受法國人民喜愛的愛迪・瑟雅芙小時候也有著令人難以忘懷的成熟嗓音。她七歲的時候在街頭唱歌，虜獲了路人的心。[2]

茱蒂的父母是歌舞雜耍藝人，已經有兩個女兒，不想再要另外一個寶寶。發現又懷孕的時候，他們找人墮胎，但是沒有成功。茱蒂來到了寒冷、嚴酷的世界，缺乏養育和保護。她三歲時就跟著姊姊一起排練和表演，早在十歲時，母親就提供她白天的減肥藥丸和晚上的鎮靜劑，為的是讓她乖乖聽話。茱蒂與芭芭拉・華特斯（Barbara Walters，譯註：美國知名廣播記者、作家、電視主持人）分享了一則辛酸的故事，談到她母親的指引：「她會說：『你出去唱歌，否則我會把你綁在床柱上，折成幾小段喔！』」[3]

愛迪跟茱蒂一樣，由還沒有準備好成為母親的藝人（街頭歌手）所生。小時候，愛迪與年邁體弱的外祖母一起生活。愛迪差點兒死於腦膜炎和飢餓引起的併發症。最終，一位親戚發現她渾身蝨子，於是把她帶去與經營妓院的祖母同住。雖然那裡不是我們通常認為適合年輕女孩的地方，但她卻在那裡找到了她所知道的第一份安慰。一名年輕妓女保護愛迪，給予她情感和溫柔。但是在七歲那年，父親出現，帶她離開，跟著父親在馬戲團巡迴表演，於是她的第一份慈愛連繫悲慘地戛然而止。

沒有母親照料的庇護，兩個女孩在身邊的男人面前都很脆弱。米高梅電影公司導演路易·梅耶（Louis Mayer）非常了解茱蒂的成長經歷。他限制茱蒂的飲食，給她起綽號「我的小駝子」（取笑她彎曲的脊柱），還對她性騷擾。[4] 同樣地，愛迪也忍受著生父的性侵犯。愛迪跟茱蒂一樣，姿勢永遠不怎麼正，因為她也有彎曲的脊柱。愛迪飽受常年飢餓和長期被忽視之苦，於是在十七歲那年，她離開了父親和馬戲團，自己另闢道路，在巴黎街頭唱歌。[5]

在一次訪談中，茱蒂・嘉蘭分享說：「小時候，我唯一感到被需要是在舞台上表演的時候」，而且她說她母親是「真正的西方邪惡女巫」。[6] 同樣地，愛迪・琵雅芙因為聽眾的反饋茁壯成長，那給了她歸屬感。一位夜總會老闆發現了她並將她帶到舞台上，她盛開綻放了。十八歲那年，她的事業才剛剛起步，就懷孕並生下了一名女嬰。她重複著自己母親的愛，經常為了上台拋棄女兒，把為母育兒的責任留給寶寶的父親。悲慘的是，她女兒在兩歲之前便死於腦膜炎。[7]

同樣地，茱蒂也經歷了早孕。她在十九歲那年第一次流產，在二十三歲生下第一個女兒之前又流產了第二次。茱蒂曾經多次自殺未遂，第一次是在二十八歲那年割斷自己的喉嚨。她用破碎的玻璃瓶，演出了表觀遺傳學的後遺症：母親想要把寶寶從自己的身體裡割下來。她分享說，她失去了自信，而且唯一想做的是進食和躲藏起來。茱蒂後來有過五段不快樂的婚姻，最後一次嫁給一位比她年輕二十歲的男人。[8]

愛迪・琵雅芙在經歷了許多段不快樂的關係之後，最後一任丈夫也比她年輕二十歲。[9] 兩位女性一生都仰賴毒品和酒精，而且儘管成名後收入增加，但是她們卻仍舊與無家可歸和債務奮戰。兩人都有噩夢般的身體健康問題，包括肝炎、精疲力竭、腎臟疾病、「神經衰弱」、體重波動、多處身體傷害。

成年後的茱蒂傷痕累累，她錯過了表演、遲到，不然就是在毒品和酒精的刺激下走上舞台。崇拜的粉絲不再尊重她。有一次，人們向她投擲食物，她因為觀眾的噓聲被迫走下舞台。[10] 她唯一曾經感覺被愛的地方變成了噩夢。愛迪跟茱蒂一樣，最後一次演出是健康問題和上癮的絕望展現。因為大量的嗎啡和酒精，她掙扎著站起來，記住要唱什麼歌。儘管結局悲傷，但愛迪的去世卻得到全法國的哀悼，出殯時，成千上萬的人們夾道為她送葬。[11]

複雜性創傷

就跟茱蒂．嘉蘭和愛迪．瑟雅芙一樣，帶有極端母愛飢渴形式的女性會出現「複雜性創傷後壓力症候群」的症狀。「複雜性創傷後壓力症候群」（CPTSD）不同於「創傷後壓力症候群」（PTSD），因為它是由重複的創傷造成。當小小孩忍受父母的虐待時，那些事故很少是單一事件，而且童年創傷持續不斷。這類逆境的長期性質製造出充滿挑戰、永久持續、可能不會消失的症狀，因為在快速成長期間，帶著不斷的恐懼生活會改變大腦。在茱蒂絲．赫曼（Judith Herman）針對複雜性創傷後壓力症候群的研究中，她記錄了接受精神病治療的成年人，指出「童年虐待的倖存者顯然比其他患者，表現出更多的失眠、性功能障礙、解離、憤怒、自殺、自殘、吸毒、酗酒。」[12]

如果你在令人害怕的殘酷母親的陪伴下長大，她的行為要求你的自主神經系統保持超速運轉。在不斷的威脅底下，開發用於社交行為的大腦通路讓位給用於安全的通路。沒被使用的神經元變得比較脆弱，比較無法攜帶支配注意力和心情調節的信號。與此同時，基於自我保全而設計的通路獲得了力量，使你保持警惕，應對危險的跡象。複雜性創傷解釋了為什麼你在孩提時代上緊發條、精力充沛、焦慮或易怒，而且在成年後可能仍然有這種感覺。就好像某人預料會遭人一擊，你的身體和頭腦為了戰爭而隨時戒備。

當你理解到，你的神經系統已經被早年持續的恐懼形塑了，以及你的身體正在盡其所能地保護你，它就可以變得非常有力量。可能會令你感到羞愧以及不同於他人的反應開始變得有意義。你並不破碎殘缺。你的身體只是在生物學上隨時處於保護模式，而且在你覺知不到的情況下，它對使你想起童年虐待的任何事物做出非常迅速的回應。換言之，你並沒有「選擇」對你自己和他人來說可能極端或嚇人的反應。你的回應不假思索且與肉身有關（奠基於你的身體）。

雖然大腦神經可塑性提供了改變和治癒這些反應的可能性，但是比起帶有輕微母愛飢渴的成年人，患有複雜性創傷後壓力症候群的成年人面臨更嚴格的療癒過程。因此，我給予這類極端的母愛飢渴形式一個單獨的名稱——這個名稱捕捉到完全失去母親的養育、保護，或指引的倖存者是什麼樣子。這是一個照亮長期恐懼和孤立的貧脊景觀的名稱。這是一個為痛苦的關係灼傷設立的名稱。母親虐待的後遺症就是我所謂的「三級母愛飢渴」（Third-Degree Mother Hunger）。

三級母愛飢渴與邊緣型人格障礙、雙相情緒障礙、解離性身分障礙等人格障礙症有共同的症狀。但我不認為三級母愛飢渴是疾病，它是一種深度的依附傷害，製造出一系列使人生變得難以忍受的症狀。

關係不穩定的模式——前一刻將某人理想化，但是下一秒卻體驗到同一個人的殘酷——這對於帶有三級母愛飢渴症的人們來說很正常。害怕被遺棄、睡眠困難、飲食失調、情緒問題、難以找到人生的意義，全都是複雜性創傷後壓力症候群和三級母愛飢渴的一部分。對某樣事物或某人上癮可能感覺好像救生艇，自殺念頭和自我傷害也是同樣的道理。

身為成年人，患有三級母愛飢渴的女性往往飽受身體症狀以及創傷的心理症狀折磨。身體症狀可能包括慢性背部和頸部疼痛、纖維肌痛、偏頭痛、消化問題、腸躁症或大腸激躁症、過敏、甲狀腺，和其他內分泌失調、慢性疲勞、某些形式的哮喘。這些症狀可以解釋費利蒂醫師在原始的「童年逆境經驗」研究中揭露的某些顯著增加的醫療問題。對於患有三級母愛飢渴症的人們來說，沒有奠基於身體的慰藉或安全的體驗，因為被設計成我們的安慰源頭的那個人變成了我們的恐懼的源頭。

被誤解的複雜性創傷的跡象

儘管有些母親很殘酷，但是我相信，母親的殘酷並不是故意要傷害自己的孩子。虐人的母親往往忍受著自己的創傷，那種創傷是繼承而來的，代代相傳。然而，如果你是某位殘酷母親的女兒，那麼她刻薄的「原因」對你內在的小女孩來說並不重要。在你成長的過程中，它從來沒有意義，因此現在也可能沒有意義。它只是感覺很糟。即使你明白母親的殘酷並不是故意的，但是她給你造成的疼痛卻很真實，那個疼痛很深，而且需要修復。

三級母愛飢渴來自於有個受損的母親，在你依賴她的那些年中，她把你嚇壞了。她沒有養育、保護或指引你，反倒對你大吼大叫、揍你、羞辱你或遺棄你。結果，你與自己和他人的關係被摧毀了。可怕的情緒波動驚嚇到你和你身邊的任何人。你有週期性的能量爆發，但卻沒有爆發的方向。夜晚很嚇人，很難入眠。在內心深處，關於你的基本需要和欲求，你帶著揮之不去的困惑，還有深度的無家可歸感，那製造出強烈的需求，需要逃避情緒。

對於模仿人格障礙的一系列行為迷惑不解，善意的專業人士並不總是能夠提供幫助。從臨床的診斷或藥物治療中，或許你找到暫時的緩解，但是緩解很少延續下去。這是因為人格障礙的診斷遺漏了你的行為底下的原始傷口。如果對你的反應的根本原因沒有做出善解人意、訓練有素的回應，你仍然帶著令人不安、無情的症狀醒來。你仍然有著心碎的跡象，沒有人看得見，也沒有人想要談論。

在危險的母親手中倖存下來是無法言喻且難以體認的創傷。或許我們看不見它，因為每一個人的內心深處都有一個小小孩，記得完全依賴的脆弱，而且母親可能會背叛這份依賴的想法很嚇人。它在我們哺乳動物的大腦中引發原始的恐懼。帶著三級母愛飢渴的人生包含無助和毀滅，這是為什麼我認為，有個危險、嚇人的母親是所有童年逆境中最糟糕的。

背叛

我們知道，經歷了可怕事件和逆境的孩子不見得全都會發展出創傷壓力的症狀。那是因為一個決定性因素：如果一位始終如一的熟悉成人可以協助理解正在發生的事，孩子就可以容忍逆境。但是當母親是恐懼的源頭時，她的愛正是創傷事件。於是沒有方法理解這點。危險與愛融合。自我保全的本能屈服於建立連繫的首要需求，製造出所謂與母親的「背叛連繫」（betrayal bond）。

當母親的愛有威脅性的時候，你的身體在分子層次記住那份疼痛。虐人的母親衍生出創傷性壓力，因為你的應對能耐變得不堪重負，而且你年紀太小，無法保護自己。由於母親的愛是你抵禦逆境的主要防禦措施，因此當母親就是威脅的時候，她的照護就會是深刻的關係背叛。

為了與不友善的母親建立連繫，人類慈悲的想像力加碼地創造了一位與現有母親不同的母親。我們創造了一位疼愛我們的母親，她照顧我們，不背叛我們的脆弱性。我們的大腦設計了一位不同的母親，為的是幫助我們應對不斷的恐懼。不幸的是，為了建立連繫，這些必要的大腦變化製造出長期的人格問題。在三級母愛飢渴中倖存下來可能會為你帶來自動的解離模式、長期的羞恥感，以及與背叛你的其他人建立關係的脾性。

承認虐待

描述虐人的母親並不容易。我們不喜歡想到傷害孩子的母親。這個想法非常可恨，以至於我們的集體否認保護我們免於知道它確實會發生。我們經常在新聞中讀到子女被母親忽視的悲劇，或觀看一部描繪毀滅性的母親的電影，但是多數情況下，我們否認母親會傷害自己的女兒。

女性經常在了解了「三級母愛飢渴」之後發電子郵件給我，描述她們自己的三級母愛飢渴體驗：

感覺好像我應該快樂，可是我並不快樂。我為從來不存在也永遠不會存在的事物，感覺到隱痛以及深深、深深的悲傷。很難憶起和了解我是惹人愛的，儘管以前就沒有被愛過。我感到十分傷心和孤獨，然而卻同時慶祝著我自己有能力成為母親、愛人、養育者。那感覺好像一處隱藏的傷口疼痛著、裂開著，我現在應該把它結束掉，但我卻會在人生的所有日子中都攜帶著它。

或是如下：

我自己的母親把我燒死在火刑柱上，還責怪我點燃那把火。說來話長啊！我們已經十多年沒有聯繫了。但願那份疼痛會消失。

為了理解和治癒三級母愛飢渴，討論不同類型的虐待頗有幫助，因為對許多人來說，這些行為可能看似正常。假使你沒有覺知到自己受傷的程度以及哪裡需要幫助，就不可能開發出新的保護技能。

情感虐待

定義情感虐待很複雜，因為我們實際上看不到傷害。首先，且讓我們想想已經討論過的關於嬰兒的需求。由於不當的養育和保護會改變大腦的結構，養育和保護缺席是有害的。欠缺養育和保護是忽視，而忽視是一種情感虐待。忽視有時候是一種「悄無聲息」的虐待——並不明顯，因為它發生在私底下。這解釋了為什麼它可能需要幾十年才能辨認、理解這類情感虐待並從中復原。

正如我們在第七章中所描述的，當母親對待女兒宛如朋友時，這也是一種情感虐待。告訴孩子「你是我的一切……沒有你，我不知道該怎麼辦」的母親不是在為母育兒。她正在為她的孩子製造令人困惑的情感束縛。孩子聽到這些話可能會覺得自己很特殊（我是那個最愛），一開始感覺很讚，但卻害她注定要失望以及離間她與家中的其他人。她也可能會感到害怕（媽媽還好嗎？）或過度盡責（我屬於媽媽，保護她並讓她開心是我的職責）。這個孩子長大後可能會覺得，如果她有其他興趣或朋友，或想要搬走，她就是在背叛母親。

言語侮辱是種種「嘈雜」的情感虐待。諸如「但願你從來沒被生出來」或「你很愚蠢」

之類的殘酷評論就像賞一記耳光一樣大大影響身體。

比較不著痕跡、細緻入微的種種情感虐待，例如輕蔑的一瞥或拒絕擁抱，很難辨認，但也留下傷疤，因為它是最基本的一種拒絕。當母親拒絕或貶低女兒時，可能沒有見證人。獨自一人去理解那些負面感受使傷害越演越烈。

在情感上虐人的母親很少修復她們造成的傷害，於是欠缺承認正是造成永久心理創傷的原因。

創傷（trauma）的定義來自於一個希臘字，意思是「傷口」，「一處身、心或靈的損傷」。身、心、靈全都涉及情緒。顯然，我們無法像看見刀傷或瘀傷那樣看見心或靈的損傷。基於這個確切的原因，情感創傷很難量化。但是情感虐待卻在心理上造成創傷，因為它背叛了養育孩子的基本角色，它違反信任。由於沒有能力信任母親的愛，女兒們不知道如何愛自己。

由於缺少情感的安全網，發育中的年輕大腦聚焦於在別處找到安全感，而不是玩樂、放鬆或與他人建立連繫。於是，在情感方面虐人的母親扭曲了女兒的內在生活，製造出可能在未來帶來麻煩的人格適應。舉例來說，有虐人的母親的女孩很難交朋友。她們很難信任別人。長期啟動的壓力反應系統（由於缺乏信任）打亂了正在發育的大腦結構，使大腦難以管理情緒、心境、思想。患有三級母愛飢渴的女孩感到不安全且行為舉止顯得不安全。有時候冷淡不友好，有時候溫順而孩子氣，患有三級母愛飢渴的女性的情感發展凍結、斷裂。這解釋了為什麼虐人的母親的女兒可能難以預測或不值得信賴。以年幼而害怕的心態對人生做出反應是虐待留下的後遺症，並不代表性格或價值觀。

身體的虐待

母親與女兒之間的身體接觸是養育的一部分。母親的觸碰就跟食物一樣不可或缺。但是當母親的觸碰是不尊重或咄咄逼人時，就會留下可能持續一輩子的破壞性衝擊。卡洛琳的案例就是很好的例子。

卡洛琳記得，小時候，媽媽給她洗頭時，她害怕自己可能會淹死。「水進到我的鼻子裡，我無法呼吸，但她卻一直把我的頭摁在水面下。」卡洛琳哭著抗議，但這並沒有阻止母親的咄咄逼人。

成年後，卡洛琳很難自己洗頭，通常許多天不洗澡。她還儘量不看醫生。她非常害怕醫院和針頭。

卡洛琳在童年時期患有多種疾病，她記得在「看病日」當天帶著沉重感醒來，她的身體又緊又冷。她討厭診間的消毒水味，而且一進診間便開始驚慌，搜尋著逃脫的出口，但是媽媽會牢牢抓住她的胳膊。「不要擔心。」媽媽會很堅持，雙手箍得更緊。

且讓我們在此暫停一下。想想你上一次害怕的時候。某人告訴你不要擔心，那句話有幫助嗎？

卡洛琳記得她抬頭看著母親的臉，看見母親雙眉緊蹙、噘著唇、冷冷地盯著她。「乖乖，你讓我很難堪，」母親低聲吼道。某一次看診，當醫生來到診間時，卡洛琳掙脫了母親的掌控。她記不得自己要去哪裡，只記得自己在跑。母親追上她，在診所大廳中間打了她的屁股。

一次療程期間回憶起這件事，卡洛琳的腦子一片空白，即使她雙眼噙滿淚水。她足智多謀的大腦解離了，為的是逃避仍然隱隱作痛的疼。我拿重力毯蓋住她的大腿，靜靜地坐在她身邊的地板上。過了一會兒，她的身體開始穩定下來。當她的呼吸恢復正常時，我站起身，緩緩開始溫和的「眼動減敏及重新處理」（EMDR，譯註：Eye Movement Desensitization & Reprocessing，又稱「眼動身心重建法」），幫助她代謝掉卡在體內的恐懼。

無論以何種標準衡量，卡洛琳母親咄咄逼人、侵入性的處理方式都屬於身體虐待，而且造成了卡洛琳至今仍在努力療癒的三級關係灼傷。

打屁股

好長一段時間，打屁股一直被認為是「訓練」孩子的適當方法，但是，終於，這個方法快要結束了。雖然打屁股在短期內可能看似有效，但是並沒有現存研究支持打屁股或讓身體疼痛可以帶來長期正向的結果。研究顯示，打孩子屁股的父母實際上無法調節自己的情緒。打屁股是一條捷徑，它是情緒的繞道，繞過父母的不舒服、憤怒或無助。父母以各種方式為打屁股辯護，但那是濫用權力。打屁股導致兒童產生恐懼、攻擊性、羞辱感、退縮。打孩子屁股其實與養育、保護或指引相對立。

在一項針對接觸例行的疼痛醫療程序（例如打過敏針或抽血）的兒童所做的研究當中，

在疼痛程序之前的預期憂傷會使疼痛和焦慮加劇。[13]從這項研究中，可以理解的是，當孩子預期會被打屁股的時候，預期的憂傷變成了一部分令人不知所措的體驗。當打屁股經常出現時，孩子可能會在預知或等待受虐之際發展出預期的憂傷。她變得心神不寧、膽戰心驚或退縮抽離。胃痛或頭痛很正常。在打屁股期間，可能會出現心跳加速、嘔吐乃至大小便失禁之類的生理反應。打屁股給孩子和在旁觀看的兄弟姊妹帶來毒性壓力，侵蝕家庭中的信任和安全感。[14]被打屁股的孩子飽受抑鬱、焦慮、情緒憂傷之類的長期症狀折磨。[15]

如果你小時候被打過屁股，可能會對自己的身體產生厭惡感。可能會很難照顧自己（包括尋求醫療照護、牙齒保健、定期鍛鍊、健康營養），因為你的身體一直是戰場。你可能會發現，「美國兒科學會」建議父母避免基於任何原因打孩子的屁股，那是有道理的，而且某些研究人員正在努力將打屁股列入童年逆境經驗清單。[16]

性虐待

我認為沒有人對性虐待是什麼感到困惑。不過，我們卻假設，大多數的母親會保護自己的女兒免於這類侵犯。難以想像母親會在性方面參與危害自己女兒的事。我們知道，童年時期的性虐待導致許多形式的成癮和自毀行為。而且比起虐待本身，女性更哀痛的是沒有人保護她們的事實。她們的母親沒有幫助她們，或是就某些案例而言，還拒絕相信她們——尤其是當侵犯者是母親所愛的某人時。當母親的男友、丈夫或父母在性方面侵犯自己的女兒時，母親置之不理也等於是虐待的一部分。

我們可能會覺察到性虐待發生在小女孩身上，但母親可能是犯罪者這個事實卻難以想像。茱莉・布蘭德在她的著作《母親的觸碰》當中寫到被母親調戲過。她談到母親在午睡時如何愛撫她。這類虐待感覺很奇怪，但是因為沒有暴力，她從來不認為那是虐待。但是性虐待造成的長期、持續的影響不只是關於身體的疼痛。並不是所有性虐待都在身體上造成傷害。濫用女兒來滿足自己情感和觸碰需求的母親有涉及這類虐待的風險。

當涉及疼痛時，冒犯便顯而易見。茱莉・布蘭德分享了她被迫忍受的羞辱性每週灌腸。「我必須脫光衣服，面朝下，趴在鋪在塑料地板上的浴巾上……我記得她緊緊地抱住我，腳的重量壓在我的背上。直到她認定我受夠了，才會讓我起來。」[17] 對性愛本質的侵犯往往導致一個人完全拒絕性行為，或有風險的性行為。

受虐婦女症候群

以頻繁的憤怒爆發為標記的親密關係是令人害怕的地方。心理治療師莉諾・渥克（Lenore Walker）在一九七〇年代末提出了「受虐婦女症候群」（battered woman syndrome）的概念，為的是描述一個人在體驗到遭受親密伴侶親手虐待時所產生的獨特行為和情緒。根據「全美反家庭暴力聯盟」（National Coalition Against Domestic Violence）的說法，家庭暴力受害者共有的症狀可能包括：

- 感到孤立、焦慮、抑鬱或無助
- 對評斷和污名化感到尷尬
- 對傷害他們的人感覺有愛，相信對方一定會改變
- 在情緒上感到孤僻退縮，欠缺來自家人和朋友的支持
- 否認有任何問題或為虐待他們的人辯解
- 基於道德或宗教原因維持著那段關係[18]

由於母親是我們的第一個親密夥伴，她隨時可以接近我們的身體，因此她的殘酷是一種家庭暴力。假使她咄咄逼人地對待我們或直接暴怒對待我們，我們便體驗到難以想像的驚恐。我們攜帶著跟親密伴侶暴力受害者一樣的症狀，努力結交朋友或找到可以歸屬的地方。我們天生就感覺不好。伴侶暴力的受害者幾乎一致認為，家庭暴力是他們的錯。虐人的母親的女兒也認為是自己的錯。

有虐人的母親的小女孩很少談論虐待。事實上，她們通常根本辨認不出虐人的母親的行為。感覺就是很正常。由於安全優先於學習和溝通，適應了親密關係中的暴力改變了大腦理解正在發生的事情的能力。[19]

因母親虐待導致在心理及生理上適應了恐懼，這對女兒的一生來說可能是持續長久、複雜化的關係。「全美反家庭暴力聯盟」解釋了曾經經歷親密伴侶虐待的人在離開那段關係後很長時間內還會有症狀出現。家庭暴力的症狀包括睡眠問題，侵入式重現和驚恐感，避開使人回想起家庭暴力的話題或情境，無望、暴怒、一文不值的感覺，恐慌發作。[20]

患有三級母愛飢渴症的女兒同樣有這些症狀。她們理想化了施虐者（自己的母親），相信自己活該受虐，而且飽受羞辱性地喪失自我價值的折磨。某些專業人士採用「病態順應」

（pathological accommodation）這個詞來描述，當孩子學會如何在虐待中生存時，會發生什麼事。順應和撫慰令人害怕的母親等於是適應了無法逃避的恐懼。在照顧虐待型母親的心情時，女兒無法觸及自己的體受感和代理中心。[21]病態順應是生物凍結反應在起作用，那可以解釋伴隨三級母愛飢渴而來的身體疾病。凍結的身體會痛啊。

紊亂型依附：迷失型依附風格

患有三級母愛飢渴的女性在成長過程中很少感覺到安全地依附於任何人。她們很早就適應了令人害怕的母親，而且這份連繫極不愉快。當危險和依附的人類神經通路同時被啟動且破壞依附系統時，創傷連繫（受虐者與其施虐者之間的強烈情感依附）便形成。[22]當母親與女兒之間的創傷型連繫形成時，這種有毒的連結便大大影響著女兒人生中的所有其他關係。恐懼摧殘依附系統，製造出紊亂型依附，或三級母愛飢渴。紊亂型依附是有害的母親帶來的強力後遺症。

在第二章中，我們討論了來自瑪麗・愛因斯沃斯的重要研究，也就是安全型、焦慮型、迴避型依附類別。愛因斯沃斯在她現在名為「陌生情境」（strange situation）的著名實驗當中，藉由檢視照顧者與學步幼兒之間的重聚行為，主動地量測約翰・鮑比的依附原則。[23] 在一項後來的研究中，愛因斯沃斯的學生瑪麗・梅恩（Mary Main）發現了第四種依附類別的跡象。梅恩注意到，當母親離開並重新進入房間時，某些沒有安全型依附的孩子，其行為與焦慮或迴避型同輩的行為有何不同。當媽媽回來時，這些小小孩會先跑向媽媽，但是接著擺脫或跑開。有些蜷縮成一團或擊打媽媽。尋求安慰的第一個衝動顯而易見，但是隨著母親走近，孩子變得害怕。這些孩子「紊亂」且無所適從，表現成一臉迷茫、冷峻或失神。[24] 茱蒂・嘉蘭與愛迪・瑟雅芙都帶著紊亂型依附生活。她們的症狀跟隨她們進入成年期且隨著時間的推移（以及欠缺治療的介入）越演越烈，兩位女性都對情人大發雷霆，都在餐廳裡濫發脾氣，都努力緊緊抓住成功的事業。

當生活變得緊張時，患有三級母愛飢渴的女性會心軟或暴怒。心軟或崩潰是凍結反應。暴怒是戰鬥或逃跑反應。某些身體信號（例如氣味、聲音或觸碰）成為早期無助的提醒，且迅速引發衝動和解離。一旦被啟動，患有三級母愛飢渴的女性很難安撫自己或找到可以安撫自己的某事、某物或某人。

骨子裡，有紊亂型依附的女性相信沒有人是安全的。以此方式生活需要某種自我治療。茱蒂·嘉蘭與愛迪·琵雅芙都採用毒品、酒精、浪漫戀情來麻痺自己童年的疼痛。儘管有健康問題、失去尊重、難以開口唱歌，她們的上癮卻越演越烈。她們的故事並非獨一無二。大多數有紊亂型依附的女性，工作太過拚命、錢花得太多或食物吃太多。某些人剝奪自己的基本需求。轉瞬即逝的情緒高漲掩蓋了不屬於任何地方或任何人的痛苦。通常，她們對人類的安全和真正溫暖的第一次體驗來自專業人士，這些人受過訓練，懂得療癒複雜的發育創傷。

解離驅動

當威脅超出我們的應對能力時，大自然透過身體和頭腦仁慈地將我們帶離現實，保護我們免於令人不知所措的恐懼。解離是一種副交感神經的過程，它降低神經系統動作，以回應迫在眉睫的危險，屬於一種生存反應。隨著我們的呼吸減緩，人變得靜止不動，我們實質上暫且脫離覺知。這是大自然為死亡做準備的方式。它不是有意識的過程，它是不自覺的。解離發生在當我們面對某個威脅卻覺得沒有其他選項時。

身為嬰兒或兒童，令人害怕的母親的現實為我們提供不可能的兩難困境：原本可以安撫我們的恐懼的那個人正在製造恐懼。唯一的應對方法就是消失不見。

當母親的威脅持續存在時，解離也持續存在。正如我們在卡洛琳與我的療程中看到的，解離成為躲藏的方式，躲避正在發生且無法容忍的事。解離可能感覺好像隧道視野、一份朦朧的時間感、雙耳內的麻刺感，身為另外一個人或處在其他地方的夢幻感。我最喜愛的解離描述之一來自梅麗莎・科貝爾發表在《哈潑時尚》（*Harper's Bazaar*）裡的文章，名為〈有時候，你為強姦犯做早餐〉（Sometimes You Make Your Rapist Breakfast）：

> 解離聽起來很嚇人，但是感覺起來並不糟。有時候，它感覺好像滑進一張溫暖舒適的床。那是祕密、安全的地方，我想待多久，就可以待多久。將我打開的是那份回歸。那是我總是哭泣的時候。[25]

這是為何許多女性迴避療癒三級母愛飢渴的原因——潛伏的大量恐懼實在太可怕了。

三級母愛飢渴來自於沒有關係修復的關係恐懼。在我們成長的歲月中，沒有修復的恐懼在大腦內造成終生的改變。裡面藏著複雜性創傷的本質。當母親無法承認她的傷害、為她的傷害道歉、彌補她的傷害時，恐懼改變孩子的大腦功能，使孩子帶著模糊的身分認同，對現實的感覺不明確。

在你需要的時候，解離保護了你，但是這個習慣使過去的事件難以召回。請放心，你的身體講述了以下這則故事：

> 認知的處理與我們的身體密不可分……與主要照顧者的所有早期關係動態，無論是創傷性或非創傷性，都被用作兒童發展認知和信念系統的藍圖，而且這些信念系統影響身體的姿勢、結構、運動。26

無論喜歡與否，你的人生回憶錄都不是表意識覺知所能觸及，它被藏在你的身體內——靜默地告知身體和心智是否安康——設法透過身體疼痛、經常做噩夢、慢性焦慮來引起你的關注。

在冷漠、咄咄逼人或遺棄孩子的母親的擺布下，女兒必須相信她的母親一定會改變。解離允許這個希望堅持不懈，幾乎就像幻想。身為孩子，有些人創造出想像的朋友、不同的父母親或迷人的王子來減緩恐懼。當無法逃避時，幻想是強大的方法，使人可以忍受無法容忍的感覺。當危險持續存在時，解離過度驅動。大自然的仁慈設計使你不必考慮令人不知所措的現實，它隱藏了可能有用的資料，例如關於如何偵測危險人物的資訊。當危險人物是你的母親時，這些資訊有什麼好處呢？既然你離不開她，你的大腦便用情緒的眼罩抑制覺知。因此，解離是救命稻草。

當我們無助時，解離緩解了無法忍受的現實，但是它也在體驗人生（上學、學習閱讀、結交朋友、參加體育活動）的自我與擁有尚未表達的恐懼、羞恥、憤怒的自我之間製造分裂。本質上，我們分成幾個部分。我們有一個經歷生命的運動的外在部分與一個隱藏的內在自我。有時候，我們不知道哪一個自我才是真實的。[27]

預期的創傷——排練如何應對下一次打屁股或放學回家，或媽媽倒的下一杯酒——解釋了為什麼恐懼可能會導致靜止不動。感覺緩慢、卡住或凍結是身體為攻擊做準備的方式。除了解離或做白日夢之外，大腦還藉由凍結（為死亡做準備）來緩解恐懼和無能為力。[28] 解離與癱瘓共同作用，使身體做好準備，迎接不可避免的疼痛。

盲視背叛

儘管數十年的證據顯示，母親無法或不會改變有害的行為，但是女兒們仍然懷抱希望。我把這叫做「病態的希望」（pathological hope）。病態的希望最初是一種保護措施——忍受逆境的方法。但是久而久之，病態的希望可能會使女性陷入與他人之間痛苦的關係循環之中。多數人並沒有注意到病態的希望的本質，因為大腦太早適應了。虐人的母親的女兒一生中的大部分時間都在爭取獲得關注、爭取被保護、爭取被養育、爭取一個道歉。

病態的希望具有驚人的持久力。一廂情願的持久性質可能與一種被稱作「盲視背叛」（betrayal blindness）的心理現象有關。珍妮佛．弗雷（Jennifer Freyd）博士花了數年時間研究其中複雜的生物過程，這些過程解釋了為什麼某些人卡在虐待的關係中。弗雷創造了「盲視背叛」一詞，來解釋成年人如何忘記或根本不知道我們何時在親密關係中被傷害。她解釋：「因為我們依賴背叛者——我們的下一個最佳防禦就是拒絕覺知背叛一事；換言之，一種心智的凍結（盲視背叛）是我們的下一個最佳選項。」[29]弗雷幫助我們理解到，這種對危險的心理適應是如何奠基於意圖保持情況完整的極端需求，無論是「維持住婚姻、保持家人團結，或緊緊抓住一個人在社群中的地位。」[30]

盲視背叛幫助孩子在令人害怕的母親手中生存，這合乎邏輯。盲視為依附的更大目的服務。由於人類依附的需求比防禦的需求更重要，讓我們與可怕的母親建立連繫的生物機制成為我們的人格的一部分。一種幾乎沒有自我覺知形式的生存人格，因為盲視背叛保護我們，使我們不知道自己已經成為與危險人物一起生活並愛上危險人物的專家。對背叛我們的行為視而不見，我們沒有意識到，疼愛某人現在融合了憐憫或責任。我們同情脆弱、虐人的母親。有時候，在她失控、打我們、感到內疚之後，我們反倒安慰她。不然就是我們覺得有責任——我們設法拯救她，使她遠離虐待她的伴侶或某票據託收代理。我們成為她的保護者。

養育和保護母親的女兒正在撫慰母親。當我們無處可去時，大自然的「撫慰」回應使我們自然而然地這麼做，儘管害怕母親，但是卻與母親建立某種連繫。「孩子的編程就是對他們的照顧者完全忠誠，即使他們被對方虐待。驚恐增加對依附的需求，即使安慰的源頭也就是恐懼的源頭。」[31]於是，背叛變成與愛連線。這不是表意識的體驗。我們無法操控早年對恐懼的適應。我們需要我們的母親，即使她對我們大吼大叫、拉扯我們的頭髮、或是說我們很胖。撫慰虐人的母親為一輩子建立了關係的混亂。於是我們可能會發現，自己處在一段又一段毀滅性的關係之中。

撫慰的生物學

史蒂芬．波格斯博士的多迷走神經理論，就跟雪莉．泰勒博士的「照料及結交朋友」工程一樣，解釋了為了與他人建立連繫，尤其是在逆境期間，我們的社會神經系統如何被建造起來。[32] 這是人類對恐懼的反應。當我們被某人或某樣事物威脅時，我們需要「結交朋友」。與生俱來的三級母愛飢渴悲劇等於母親就是逆境。而且即使媽媽很危險，女兒還是會與她建立連繫。結交朋友與撫慰的行為使女兒靠近母親。撫慰源自於無望的驚恐——因為知道無處可去。這不是一種選擇，這是生物學。

針對危險的生物學反應本意是應付緊急情況，不是應付日常生存，當然也不是為了忍受令人害怕的母親。母親的殘酷引發緊急回應系統，迅速改變了女兒發育中的大腦結構。高水平的皮質醇（壓力激素）損害負責社交互動的大腦區域。

對大腦有興趣的人們來說，你可能已經知道壓力如何影響顳葉——尤其是杏仁核與海馬迴。壓力刺激杏仁核的運作，也就是同理心發育的地方。[33] 皮質醇毒害海馬迴（海馬迴促使正在輸入的資料和記憶處理變得有意義）。大腦忙著適應，保持必要的生物過程繼續進行，例如我們的心跳和呼吸，但是過濾掉比較不重要的過程，例如記憶和同理心。逢遇壓力大的事件或時刻，大腦實質上忽略掉不如生存重要的資訊。久而久之，沒被使用過的大腦神經元和突觸連結便消失不見。科學家把這個複雜的神經過程叫做「修剪」（pruning）。[34]

想像一下，大腦必須做些什麼才能忽略（且最終修剪掉）辨認危險母親的神經過程呢？它必須將恐懼隔離在你的意識之外的某個地方，才有辦法建立連繫。之而久之，大腦便縮小危險信號，例如母親的尖銳聲音或蹙起的眉頭，讓你可以容忍母親的靠近。當你年紀小且依賴的時候，修剪改變觀點並保護你，但是久而久之，你天生懂得偵測或辨別危險情境的能力被扭曲了。於是，神經接收被改變了，這是為什麼接觸到早期的背叛使你面臨進一步受害的更大風險。

母親的虐待是毀滅性的背叛，因為你不僅錯過必要的養育、保護、指引，而且你的神經接收和保護本能也受到損害。因為你適應了危險，勢必嚇壞普通人的情境對你來說不會出現危險信號。你知道如何與可能會背叛你的人建立連繫。你甚至可能會覺得不背叛你的人們很無聊。

有毒的羞恥感

母親的虐待引發有毒的羞恥感，使我們相信自己有缺陷。這不是當你傷害某人的感情時你所感受到的那種羞恥感，也不是告訴你與姊妹的伴侶調情不是好主意的羞恥感。有毒的羞恥感使你質疑你在這裡的權利。有毒的羞恥感使你的靈魂陷入不安全的焦油坑之中。

我的希望是，理解「三級母愛飢渴」可以減少你目前背負的羞恥感。你並不是有缺陷或殘缺。有毒的羞恥感是一種承繼的羞恥感，它與你無關。你可能會背負著屬於你的母親的羞恥感，例如當她虐待你的時候沒有感覺到的羞恥感。

背負的羞恥感感覺起來又重又厚，就像髒兮兮的無用毯子，你無法從毯子底下脫身。關係心理治療師兼作家派翠西亞・德揚（Patricia DeYoung）表示，有毒的羞恥感「居住在比言語更深層的地方，它是『靈魂的疾病』，比感覺更無形無相。」[35]基於這個原因，很難辨認或討論有毒的羞恥感。久而久之，有毒的羞恥感助長種種自我虐待，例如割傷、挨餓、上癮、孤立。

有時候，有毒的羞恥感偽裝成虛假的自信或膨脹的優越感：掩飾感覺很糟糕。你覺得悲哀，但肯定不想讓任何人知道，所以你很快在別人批判你之前批判別人。這讓你暫且感覺好些，直到你在壁櫥門後吃了一包女童軍餅乾，或在公司聚會上喝醉了且行為不端。事後，那個表示我噁心又沒用、誰都不應該再跟我說話的聲音開始說著話。而且它通常聽起來很像你的母親。但是請記住：你的人格是為了在欠缺母親照護的情況下生存而發展出來的，它不是你的真實自我。

專業治療

「姑息療法」（palliative care）是針對疑難健康課題的專業治療，著重於提供緩解而不是治癒。我認為三級母愛飢渴是棘手的健康課題，而姑息療法典範為我提供羅盤，支持患有三級創傷的女性。我很期待目前在「重新連結」（Reconnect）進行的療癒工作，這是凱洛・達薩（Karol Darsa）博士的治療機構，為倖存者結合多種方法，在此，成年人接受全天候的照護，療程可能包括藝術治療、正念療法（mindfulness）、腦點療法（brainspotting）或眼動減敏及重新處理治療（EMDR）。每一個人都有機會進行精神病學的評估，因為藥物治療可以拯救三級母愛飢渴。當團隊合作時，姑息療法的效果最佳，當姑息療法在達薩博士的計畫中，以及當此療法囊括除了傳統療法以外的整體根治療法的時候，它的效果也最好。

療癒三級母愛飢渴需要來自訓練有素的專業人士的支持，他們了解複雜性創傷、依附、感官律動心理治療（sensorimotor psychotherapy）。佩特・奧格登（Pat Ogden）博士、露絲・拉尼厄斯（Ruth Lanius）醫師及博士、潔妮娜・費舍（Janina Fisher）博士，已經開發了比言語更深入的存取和療癒身體記憶的方法。[36]

三級母愛飢渴倖存者的後續步驟

療癒三級母愛飢渴是一個雙重過程：首先，你要為小時候感覺到無可言喻的驚恐找到合適的字詞。你現在正在做這件事。閱讀本書為你長期忍受的紊亂心碎提供語言。其次，假使你還沒有那麼做，該是停止觸碰你的母親的時候了，要讓你疲憊的靈魂好好休息，為失去的事物悲慟。為了讓這個方法奏效，你需要有人陪伴，這人理解這份獨一無二的疼痛，或者他是接受過健康依附訓練且致力於健康依附的臨床醫師。你的疼痛源自於關係的創傷，只有運用健康的關係體驗才能治癒。

在你揭露內隱記憶（這可能會發生）之際，你的母親的照護故事，將會帶來更大的疼愛和保護自己向前邁進的能耐。療癒涉及整合內隱記憶以及形成前後一致、關於你與你母親的敘述。

隨著你越來越有覺知，可能有必要採取新的行為來保護自己。對某些人來說，「脫離」母親將是治癒這種三級灼傷的一部分。你可能會從一次三十天的分離開始，經由電話、簡訊、社交媒體……她可以看見或與你連結的任何地方切斷聯繫。在你練習新的邊界、為自己創造安全感之際，你基本上會脫離你今生大部分時間都處在的解離出神狀態。擺脫不斷的解離意謂著面對已被埋藏的情緒。這是憶起你的目標是什麼的好時機：你正在自己內在建立在你成長歲月中丟失的安全型依附。你正在創造安全和被愛的內在家園。

在療癒過程中，感到驚恐、憤怒、非常孤獨是很正常的。如果你有時候覺得自己像個壞女兒，我希望本章使你停止這種想法，減輕你的負擔。

請牢記在心，其他人已經在你之前走過了這趟旅程，鋪平了邁向穩定的全新自我感的道路，不再因為不健康的母女接觸而產生不斷的失望、心痛、背叛。隨著你的身體感到安全，整體的情緒反應會逐漸減弱。在做噩夢或與你所愛的人爭吵之後，你會恢復得比較快。逐漸地，解離無法掌控你。你的苦難逐漸減少。而且有值得信賴的嚮導幫忙，你將會建立起關係的韌性。一直伴隨著你的心痛現在稍微停下來了。在這個新的大腦空間之中，關於如何以及何時聯繫你的母親（以及是否有可能聯繫），你可以做出更好的決定。

帶著未被治療的三級母愛飢渴生活就是帶著創傷生活。面對它可能會感到危險和恐怖。阻斷疼痛是大腦對創傷的慈悲回應，它區隔開那段記憶。但是它也使人生變得毫無色彩且枯燥乏味，於是感覺到真正的喜悅或找到意義是苦苦掙扎。

現在你有了更多的覺知，療癒就可以更深入。隨著你釋放掉埋藏的情緒並體驗到與他人的全新溫暖，你逐漸開始重拾失去的母親照護。

第9章

療癒母愛飢渴

出於好奇，你可能會在本章中搜尋答案。挫敗而急切的你想要解決方案。我明白這點。你想要疼痛停止。你厭倦了受苦。你希望某人或某樣事物讓情況變得比較順遂。

在療癒母愛飢渴的過程中，按照自己的步調前進很重要。週期性的停頓或後退司空見慣。有時候，你可能會想知道你是否取得了任何進展，或者你是否因為變得更好而以某種方式背叛你的母親。某些人可能會等到母親不在人世之後才進行這項工程。那都沒關係。決定何時以及如何前進均取決於你。你現在就是建築師啊。

面對這種傷害時，感到害怕是很自然的。尋求幫助可能會特別困難，因為允許某人支持你是處在脆弱的位置。即使你準備好接受指引，你與協助的專業人士之間的權力不平衡，也會使你想起自己無意識的擔憂，害怕如果某人真正了解你，他們就可以操縱和控制你。基於這些原因，找到理解依附理論且能夠溫和地調整你的療癒過程的治療師極其重要。

隨著我們對大腦的了解越來越多，新工具不斷湧現，幫助我們重新連接被創傷和逆境影響的區域。有了可以治癒破碎的心的新希望。療癒母愛飢渴意謂著，你有機會爭取到人生早年錯失的安全型依附。雖然周圍有健康的關係時，安全型依附會成形得比較快，但是新的內在安全感也可以因為你自己的努力而增長。

療癒母愛飢渴有它自己的節奏。每當傷口被熟悉的歌曲、特定的氣味、某個假日或某個雜念觸動時，心碎可能會突然爆發。當它發生時，請反問自己痛的是什麼。你渴望情感嗎？你現在覺得害怕嗎？你感到迷茫嗎？如前所述，母愛飢渴存在於某個頻譜上，與你過去丟失的基本母親元素有關。雖然沒有治癒母愛飢渴的神奇公式，但是辨認你的感受可以指示如何開始或從哪裡開始。需要多久時間才會在你自己的內在感到安全，將會取決於缺失母親的養育、保護或指引的嚴重程度。如果你錯過了所有這三者，療癒可能需要更長的時間。

除了多數章節末尾的療癒練習之外，本章還有其他準則可以幫助你在自己內在以及與他人相處時感到比較安全。

- 辨認你主要缺失的母性需求。你渴望從某個特定人士身上得到關愛和優質時光嗎？那麼你需要更多的養育。你經常焦慮和害怕嗎？那麼你需要更多的保護。你感覺乏善可陳或迷茫嗎？那麼你需要指引。
- 理解我所謂的「道歉疼痛」（apology ache）。我們將在第251頁了解這點。
- 了解「被剝奪的悲慟」（第256頁）。

- 發現擁有天上聖母的好處（第263頁）。
- 找到專業的支持。專研依附的合格治療師可以提供幫助，無論你在母愛飢渴頻譜的哪一個階段。假使你正面臨三級母愛飢渴，通曉創傷的治療師至關重要。

爭取而來的安全型依附

你的天生設計本就可以從疾病和損傷中痊癒，但是在你精準定位這個課題之前，大腦並不確定到底該怎麼做。說出母愛飢渴的疼痛這個名稱，將為你的身體提供可以指揮你的內在智慧的羅盤。你的身體會讚賞這事。因為通向幸福的路障已經被移除掉，所以你可以聚焦在建立「爭取而來的」安全型依附。無論你的主導依附風格是迴避型或焦慮型，還是你落在紊亂型的頻譜上，爭取而來的安全型依附可以減輕你心痛的強度。爭取安全感來自於開發深藏於你內在的連結，如果你正在療癒三級母愛飢渴，要與將心力投注在你的心智健康和幸福的某人合作。

爭取安全感來自於找到自我養育的新方法、建立真正的保護、為你的成長歲月創造一則前後一致的故事。我了解這聽起來很臨床，也耗時費力。真相是，雖然有可能建立比較健康的依附風格，但是要在大腦中形成新的通路需要相當的努力。就好像開始一項新的日常鍛鍊，頭幾天最糟糕。你累了，失衡了，不確定鍛鍊是否有效。但是由於練習，你獲得力量、動力、自信。療癒母親飢渴很類似。

想到眼前的療癒工程時，你可能會發現自己憤恨不平。那很正常。憤恨不平很自然。在你工作、學習或照顧他人的時候，爭取安全型依附有很大的空間可以發揮。它看似不公平的負擔。單是閱讀相關資訊，你可能就感到疲倦。此外，你可能會很困惑，因為缺失的母親元素被深深地掩埋在具保護作用的健忘症底下。你可能想知道，我錯失了什麼呢？假使你不確定，這是獲得支持的好時機。你缺失的需求正在等待關注，但是由於早年的母親訊息印記在語言或外顯記憶之前，因此它們比其他訊息更難找到。對於揭開這些丟失的寶藏，受過創傷訓練的身體治療師可能非常有幫助。

療癒母愛飢渴並不總是需要臨床的支持，就跟保持身材並不總是需要教練或健身房一樣。但是如果依附理論之父約翰・鮑比在此，他可能會鼓勵你無論如何都要有位治療師，因為「治療師的角色類似於母親的角色，為孩子提供安全的基礎，讓孩子可以由此出發，探索世界。」1

為什麼治療奏效？

爭取安全型依附來自於替換掉你以前沒有過的三個基本母親元素。為了幫助你的大腦做到這點，你需要一份歷史感。你是怎麼來到這裡的？回想一下你與母親最早的記憶。她對你有感情嗎？當你害怕的時候，可以依賴她嗎？你認為她快樂嗎？她啟發了你嗎？了解你的故事使你接觸到丟失的部分，讓你可以將它們拼湊回來。有了一則可以解釋你的行為和你的感受的故事，追求新的決定、夢想、目標的能量就會出現。重新聚焦是你的依附風格正在療癒的跡象。

了解你以前沒有什麼，這讓你可以用正確的材料填補你空虛的靈，於是療癒發生。我們根本無法改變我們不知道的事。知道以兩種方式發生：認知上和情感上。閱讀和了解「母愛飢渴」屬於認知上的。這是你的左腦在起作用。認知上的覺知是第一步。

但是若要創造持續的改變，你必須感覺到傷口——那份令人作嘔且期盼被養育、保護或指引的空虛。沒有協助，多數人無法感受到這份疼痛。經過一生的自我保護，除非我們很安全且得到支持，否則大腦根本不會放手。你可愛的大腦等待著你去找到一位嚮導，這人除了幫助你找到自己，沒有其他盤算。

母愛飢渴是右腦創傷。右腦語言以身體對身體的方式表達，包括眼神交流的品質、語音聲調、回應的節奏。透過與稱職、訓練有素的臨床醫師進行的非語言互動，右腦因為「人與人之間傳遞的音樂而非言語」而療癒。[2] 這是心理治療運作的方式，也是我為什麼希望你找到具支持作用的嚮導。但這也是健康的連結運作的方式。如果你有親密的朋友或值得信賴的伴侶，某些形式的「母愛飢渴」可以在沒有專業支持的情況下療癒，因為關係的傷口正在接受關係的照護。

替換掉丟失的母親養育

如果你不習慣被養育，當你開始以健康的方式照料自己時，可能會感覺很奇怪。你可能會感到不安、惱怒或厭惡。這很正常。

以下有幾個絕佳的方法可以幫助你替換掉缺失的母親養育元素：

- 浸泡在浴缸或鹽水箱之中，那樣的水就像人類的擁抱。
- 尋求可以有效治療創傷的定期身體療法。
- 練習有助於恢復健康的瑜伽，以此緩解卡在體內的情緒創傷。
- 當你上床睡覺或在沙發上休息時，嘗試一下重力毯。
- 收聽保持正念的播客節目。
- 走在大自然之中，在這裡，寂靜可以找到你。
- 點亮你最喜愛的香薰蠟燭。
- 夜裡喝些不含咖啡因的花草茶。
- 有可能的話，就小睡一會兒。與柔軟的東西蜷縮在一起，例如最愛的枕頭或寵物。
- 可以的話就睡覺，但如果睡覺是逃避事情的方法，請嘗試養育自己的其他方法。你不會讓孩子睡一整天。

如果你的母親還活著，可能會很想要為了養育而找媽媽。然而，如果她無法在你小時候提供情感或溫柔，她現在可能還是做不到。希望她養育你是自然而然的衝動。療癒「母愛飢渴」的一部分可能意謂著你暫時停止接觸她，至少在你對與自己連結的健康方法有更好的了解之前，請暫時停止。

二十一天排毒以及與自己連結

持續二十一天，我鼓勵你排毒，不要經常接觸你母親（或你母親的思想）。為了做到這件事，你一定想要練習健康的養育以及避免發簡訊、聊天或與母親在一起。持續三週，請嘗試以下方法：

- 跟餵養小孩子一樣餵養自己。避開糖、咖啡因、加工食品。
- 寫下你注意到的想法和感受。這是最艱難的療癒任務之一，但是卻必不可少。
- 優先考慮睡眠。Calm 或 Insight Timer 之類的應用程式（App）有助於解決不眠之夜。

● 限制你與社交媒體的接觸。只在工作日必要時，才查看電子郵件或訊息。

● 練習獨處，沒有浪漫的伴侶、家人或朋友，來娛樂、安慰或分散你的注意力。嘗試以有意識、當下的方法練習獨處。

● 夜晚將行動裝置收起來。如果你使用裝置收聽睡眠或靜心冥想播客節目，請將裝置設定成飛行模式或「請勿打擾」。

● 如果這一切全都看似不可能，於是你不斷接觸你母親，卻發現自己再次受傷和失望，請考慮向有證照的治療師尋求幫助。假使你目前有上癮的習慣，具支持作用的團體可能會非常有幫助。某些團體有電話聚會以及當地聚會。在美國，我推薦以下團體：

＊過量進食者匿名組織（Overeaters Anonymous，簡稱 OA）：oa.org

＊匿名性愛成癮戒除會（Sex and Love Addicts Anonymous，SLAA）：slaafws.org

＊酗酒者的成年子女組織（Adult Children of Alcoholics，簡稱 ACA）：adultchildren.org

＊匿名戒酒會（Alcoholics Anonymous，簡稱 AA）：aa.org

替換掉失去的母親保護

假使你小時候沒有受到保護，焦慮感覺上很正常。爭取安全型依附意謂著使你的人生盡可能安全，讓你可以重新設定你的基準線。你的身體不知道放鬆是什麼感覺，因為你一生中大部分時間都保持著警戒，準備迎接危險。

之前的養育策略也對保護有幫助，因為它們令人平靜。不過以下有幾件額外事項要好好考慮：

- 避免觀看暴力電影和節目。
- 關掉新聞。
- 如果某人或某事感覺「不對勁」，請聆聽你的直覺。
- 運用放鬆技巧使過度活躍的杏仁核平靜下來。（參見之前的養育建議以及第171頁的鼻孔交替呼吸練習。）
- 輕輕地運動身體。鍛鍊推動昏昏欲睡、解離的神經系統。

- 花時間與安全的人們相處。
- 收聽關於依附的教育播客節目。
- 有意識、健康的解離緩解恐懼。找到關閉恐懼大腦的方法會很有幫助，這樣你的身體才能放鬆。欣賞歡快的電影肯定有幫助。以此方式，媒體可以成為正向的消遣，而不是麻木頭腦的逃脫方法。

如果你的母親糾纏，就跟我們在《狂野遊戲》中看到的瑪拉芭一樣，保護措施包括設立與她之間的新邊界。若要學習如何做到這點，你可能需要避開她一段時間。身體和情緒的空間使你能夠以前所未有的方式體驗自己的情感。要自由流動，你的情緒可以教導你需要做什麼才能在媽媽身邊感到安全。

替換掉失去的母親指引

我們吸收著父母的期望長大，因此許多人不知不覺地創造出反映父母的價值觀而非自己的價值觀的人生。父母對孩子的希望通常既有公開的目標，也有隱祕的目標（他們不會大聲說出來的目標）。對你來說，這些訊息可能矛盾又令人困惑。舉例來說，母親可能曾經告訴你你可以成為你想要的任何事物，但是她卻只鼓勵你的兄弟們繼續深造。或許你母親對於你可能會成功並離開她的想法感到有威脅，因此不鼓勵你發揮才能。

當你覺得自己與你想要的人生之間有一道無形的牆壁時，客觀的指引可以幫助你。你需要一位嚮導來揭開你與正在扯你後腿的母親（或其他照顧者）簽定的隱藏契約。這類隱藏的契約可能是已被內化的功課，低聲說著：要快樂，但是不要比我快樂，或是：結婚，這樣我就不必再照顧你了，或是：賺許多錢，這樣有一天你就可以照顧我……

親近度練習

我運用一個簡單但強而有力的練習幫助女性找到缺失的母親需求。你可以與可信賴的朋友一起嘗試這個練習。

在深入練習之前，我們先做些準備工作，以便在安全的治療空間中建立信任與溫暖。然後我請個案把我當成她母親。我向她一再保證我們可以隨時停下來。當她準備就緒時，我站起來，走到房間中央，離她大約一公尺多。以下是典型的互動範例：

我：我現在是你母親。

我暫停一下，等到她的眼睛暗淡下來。然後，慢慢地，我向前走兩步。我觀察。如果她軟化或身體傾向我，我就再向前走一點兒。我暫停一下，等待。在她放輕鬆之際，我退回到第一個位置並觀察。如果她的體態垂垮或臉上看起來很悲傷，這告訴我，她不想要我離開。

我：你想要我回來嗎？

個案：是的。

所以我再次邁步向前。

我：這樣感覺如何？

個案：比較好些。

我：當我離開你的時候，感覺如何？

個案：悲傷……空虛。

我們剛剛了解到她偏愛親近。她將會從療癒母愛飢渴的養育任務中獲益。我們來看看，當我走向個案而她畏縮或退卻時，會發生什麼事。以此例而言，我暫停，後退兩步。我等待。我注意她的肢體語言。假使她還是不自在，我便再後退兩步，讓我們之間有更大的空間，觀察她的臉部、眼睛、姿勢，尋找提示。

我：這樣感覺好些嗎？

個案：是的。

我：好的，我們來試試別的。

我把辦公椅推到我們倆之間，製造出更大的距離。我觀察她的表情。有時候，她的體態垂垮或看起來很困惑。

我：現在感覺這樣的距離如何？

個案：太大了……我不喜歡。

我：好的。

我把椅子放回原處，又向前邁步，但是只走了兩步。

我：好些嗎？

個案：是的，比較好。

我看見她鬆了一口氣。我們找到了最佳位置。她希望與他人接近，但是又不要太過靠近。

有時候，在個案可以放輕鬆之前，我其實走出了辦公室的門。當個案需要我在這個練習中後退時，很可能她在母親身邊感到不安全，這暗示早年的保護缺失。

對於我們想要的人際親近的總量，每一個人都有一扇容納之窗（window of tolerance）。在這整個強而有力的安靜練習中，我正在評估個案的依附偏好：多少算太多呢？理解你的依附風格的獨特配置，就像找到你的內在羅盤或一張地圖，指出你的自我概念以及對其他人的感覺。找到驅動你的依附需求的內在羅盤照亮你的無意識抉擇。就好像找到一件丟失的珠寶（你忘記你擁有過的珠寶），那很令人興奮。你不想要再次失去它。

為了保存重新拾回的寶石，我們討論剛剛發生在這個簡短練習期間的事情及其意義。這樣的對話同時啟動左腦並強化右腦的全新覺知。這是邁向整合內隱記憶和外顯記憶的一步——使你的故事變得比較個人化，對你更有用。

道歉疼痛

當有人傷害我們的感情時，許多人都擅長表現得好像沒什麼大不了。我們吞下疼痛，以此避免衝突。或者，當有人傷害我們時，某些人尋求報復——我們希望對方的感受跟我們一樣糟。多數人在很小的時候就學到這些策略，因為當媽媽傷害我們的感情時，她並沒有道歉。感覺不舒服的時候，我們變成善於假裝自己沒事。

「道歉疼痛」（Apology ache）是我創造的詞語，因為渴望母親會看見她傷你有多深並說「對不起」，期盼她表現出悔意。你等待一個道歉，希望當母親體認到她做錯什麼事的時候，你的疼痛將會停止。但是許多母親並不承認她們的傷害行為或為這些行為道歉。她們不確定該如何道歉，或她們覺得太丟臉，或她們根本無法同理。

毫無歉意的母親留下的後遺症是難以置信的傷害。你可能會體認不到別人真誠的道歉，因為你在成長的歲月中從來沒有體驗過這樣的道歉。道歉不只是說出對不起三個字，雖然這三個字是很讚的開始。真心的道歉涉及兩件事：體認到你的疼痛以及為了彌補傷害行為而做出修復的努力。我們來探討一下道歉不是什麼：

- 道歉不是藉口。凡是在「對不起」三個字後面加上「可是」的人應該會令你神經緊張。「對不起，我打了你，可是你需要停止＿＿＿＿（抱怨、爭吵、噘嘴等等）」，或

「對不起，我＿＿＿＿＿＿（對你大吼大叫、走開、懲罰你等等），可是你就是那麼難搞。」

● 道歉不是否認。如果某人試圖說服你擺脫你的實際情況，那不是道歉。那是一種避免感到後悔。諸如「真的那麼糟嗎？」或「你實在太敏感了」之類的話無異於雪上加霜。這類道歉要求你忽略自己的感受以及增加傷害的羞恥感。虛假的道歉背後隱藏著令人羞愧的努力，例如當某人暗示「對不起，讓你有那樣的感覺」時，彷彿你的感覺是憑空產生的。這類虛假的道歉不僅沒有幫助，而且如果你以前受過傷，現在八成氣瘋了。

● 道歉不是操縱。如果某人出於自憐而道歉，對方想要你寬恕卻沒有得到原諒。那可能會聽起來好像：「我實在是一團糟，我忍不住＿＿＿＿＿＿（喝太多酒，看其他女人，加班加太晚，忘記你的生日）；我就是這個樣子……」這不是道歉。

操縱型的母親可能會這樣道歉：「對不起，我打了你。可是你實在把我氣瘋了。當你那麼做的時候，我忍不住……」她開始哭泣。「可是對不起……我愛你；請過來，給我一個擁抱。」這類道歉有毒；它譴責受害者。當母親因為她的行為而責怪你的時候，她的反應來自於她自己未經審視的無能為力。她扭曲了正在發生的事情的真相。你過去不會、現在也不會讓她傷害你。

真正的道歉可能會像這樣：「我知道我酗酒令你煩惱。我一直太晚來接你放學。我一直喜怒無常且刻薄不友善。這不是你的錯。對不起，我傷害了你，我不會再喝酒了。」這位母親看見她造成的巨大影響，而且盡一切努力修正她的行為。她可能會尋求專業的幫助或參加十二步驟戒癮聚會（12-step meetings for addiction）。以此方式，她藉由持續的可預測性來修復和建立信任。她停止製造母愛飢渴的循環。

當母親以健康、成人的方式道歉時，她的謙遜和情感的成熟度塑造了值得信賴的人是什麼模樣。值得信賴的母親覺知到她的力量，體認到她何時造成傷害，而且修復那份損害。然而，沒有經過治療，虐人的母親沒有這種能力。如果你患有三級母愛飢渴症，你可能永遠接收不到來自母親的真正道歉。雖然可能很難承認這事，但重要的是，要知道在沒有她參與的情況下，你可以痊癒。她的道歉肯定會讓事情變得比較容易，但是對於修補你破碎的心而言，她的道歉沒有必要。

如果母親還活著，很難放棄希望母親可以道歉或改變。你不面對現實，反而等待道歉，因為那似乎比較容易。要將這視為好好嘗試的溫和邀請。等待她的道歉延遲了你為早年的失落悲慟、填補缺失的碎片、開始享受人生的能力。等待可能會是療癒的最大路障。必要的下一步是面對悲慟。

理解悲慟

在我的實務中，我聆聽被遺棄和悲傷的心碎故事。奚落、忽視、其他有毒形式的母親虐待加總成為悲慟的一生。雖然那些故事獨一無二，但是每一則故事中都有令人難忘的相似之處——一種永恆的等待，希望母親能夠舉止像個母親。慈愛母親的幻想隱藏在尋求某樣東西來填補無名空虛的背後。

病態的希望是大自然的傑作之一。即使面對充足的證據證明改變不會到來，意在建立連繫的保護機制也天生讓我們與希望連線。所以我們希望改變，而不是感受真實情況。在我們準備好且能夠面對缺失的母愛的後遺症之前，我們的大腦用情緒的眼罩保護我們。忙於安排完美的人生或因為事情太多而麻木，我們發現輕而易舉便可以避開母愛飢渴的悲慟。於是，悲慟失去的母愛被延緩，直到我們得到適當的支持為止。

「在基本的發育階段欠缺安全和保障，對（我們的）情感需求欠缺回應，以及對（我們的）內在心態欠缺體認，可能會導致人生後期的解離狀態，以及導致長期而複雜的悲慟。」3

複雜的悲慟正是它聽起來的樣子——被複雜化了。被編織到母愛飢渴質地中的複雜的悲傷抗拒任何特定的悲慟階段，它被深深地誤解且難以觸及。或許也因為這個話題是禁忌，或是因為盲視背叛將它隱藏起來。

與「母愛飢渴」相關的悲慟需要一個框架，允許且承認每一個人都有複雜而獨特的方式哀悼失去母親的照護。你在悲慟你沒有母親嗎？你在悲慟這類依附傷害對你的人生造成了巨大的影響嗎？你在悲慟失去的夢想嗎？你在悲慟破碎的關係和毀滅性的行為嗎？你在悲慟所有這一切嗎？

被剝奪的悲慟

當父母失去孩子時，朋友和家人一起提供支持。當某人在車禍中受傷或面臨癌症時，社群用食品、鮮花、探視回應。苦難需要安撫。心碎需要歸屬。這些努力幫助我們悲慟。然而，沒有公眾的認可，悲慟便停滯不前。

肯尼斯・多卡（Kenneth Doka）博士創造了「被剝奪的悲慟」（disenfranchised grief）一詞來解釋一種現象，它發生在當我們體驗到無法公開承認的失落時，例如終結婚外情所帶來的悲慟。由於那是祕密，不應該發生，因此沒有人支持那份失落。被剝奪的悲慟無處可去。[4]當我們沒有名稱為傷痛命名或沒有地方談論它時，悲慟過程便凍結起來。

當我讀到蘇・克萊伯德（Sue Klebold）的回憶錄《我的孩子是兇手》（*A Mother's Reckoning*），談到她是科倫拜校園槍擊事件兇手之一的母親時，被剝奪的悲慟的概念真正觸及痛處。我可以感覺到她的絕望、她的完全無助和震驚。當兒子以如此可怕的方式傷害了那麼多人的時候，她怎能哀悼失去兒子呢？她可以求助誰來諒解她呢？在這場悲劇發生後的幾個月中，蘇感覺自己宛如受到驚嚇的動物，體重掉了十一公斤。她體驗到恐慌發作，她拒絕接受乳癌化療。孤立和恐懼使她理解到兒子自殺的感受。凍結的悲慟令她想死。

雖然我直覺地感應到悲慟的黏稠性，但是多卡博士「被剝奪的悲慟」的概念幫助我在認知上掌握「母愛飢渴」如何以及為何如此令人無助。沒有地方可以談論這類傷害，公眾的覺知少之又少。就連現在廣受尊重的ACE（童年逆境經驗）問卷也沒有在問卷上列出「有一個虐人或令人害怕的母親」（問卷上確實包括親眼目睹自己的母親被虐待，然而，這說明我們可以如何為母親作為受害者騰出空間，但卻沒有空間容納母親作為加害者）。被剝奪的悲慟在內在編織成「母愛飢渴」的織品，這很正常；凍結的悲慟是母愛飢渴的本質。

在心理學領域，「正常」的悲慟的概念告訴我們，悲慟發生在以問題解決作為終結的可預測階段。[5] 然而，根據心理學專家的說法，「異常」的悲慟不會經歷可預測的階段。它保持卡在哀悼的模式中。哀悼的模式如下所示：

- **抗議**：爭論或強求，以及憤怒的爆發。
- **鬱鬱寡歡**：長時間的哀悼，被失落纏擾。
- **絕望**：抑鬱、無望、聽天由命。
- **斷連**：解離、凍結的哀悼。有時候，令人上癮的過程、行為或物質介入，於是哀悼過程根本不會發生。

由於每一位患有母愛飢渴症的女性都棲居在某處「異常」悲慟的泥沼中（卡在各種抗議、鬱鬱寡歡、絕望、斷連的模式中），這些症狀對我來說並不算異常。事實上，這些特定的悲慟症狀屢見不鮮，普遍到我給它們起了個名字。舉例來說，「道歉疼痛」是鬱鬱寡歡階段的一部分。說出「道歉疼痛」這個名稱幫助女性開始放下母親最終可能會說「對不起」的幻想，也幫助女性避免將道歉疼痛轉移給配偶、朋友或成年子女。

讓自己沉溺

帶著「母愛飢渴」生活就像被困在暴怒和渴望的牢籠內。就跟蘇・克萊伯德一樣，有時候你無法進食。有時候你吃得太多，多到感覺噁心。這些模式很正常。在療癒過程中，你在小女孩時期不被允許去感受的情緒將會升起。有時候，悲慟將會感覺好像焦慮或憤怒，而不是悲傷或絕望。允許自己去感受這些情緒可能看似錯誤和無所適從，因為我們天生會避開情緒的痛苦。此外，我們的文化期待我們迅速擺脫情緒的逆境，使我們沒有時間悲慟。

在迪娜・吉爾伯特森（Tina Gilbertson）的著作《親愛的，你為啥要和壞情緒躲貓貓呢》

（*Constructive Wallowing*）當中，她分享了可以好好療癒母愛飢渴的強大工具。她邀請我們「沉溺」——沉溺於傷心、悲慟、絕望之中。我喜愛吉爾伯特森如何重塑「沉溺」，將懶惰或自憐的負面含義重新架構成積極、有用的過程。吉爾伯森將「沉溺」（wallow）視為「w＋allow（允許）」——允許情緒有空間和受到關注。雖然有些人可能會認為沉溺很放縱，但我認為吉爾伯特森是對的。沉溺是穿越難搞情緒的有力方法。將它們向下壓沒有什麼效用；我們只是變得抑鬱消沉。潛抑它們也行不通；它們以其他方式洩漏出去。否認進一步遺棄我們內在的小女孩，她將母親無法容忍的情緒藏起來。我們已經知道如何做到那點了。時候到了，該要學習新的東西了。

「沉溺」可能聽起來很嚇人。你可能會懷疑負面情緒是否會淹沒你。如果你永遠不下床，怎麼辦呢？這些是正常的擔憂，但是要提醒自己，迴避負面感受實際上就是在迴避自己。治癒來自於面對你的恐懼，來自於與你受傷的部分同在，那是你的母親沒有看見且無法容忍的。要讓被剝奪的感覺好好沖洗你的靈魂內部。要面對你自己一直隱藏的片斷。好好沉溺吧。

只要有可能，就抽出時間遠離工作、伴侶或孩子，好好照顧這些感受。用厚毯子蓋住自己，蜷縮起來，彷彿你正被慈愛的母親擁抱著。

歸屬感

以下是一位女士描述她的療癒過程：

我媽去世三年後，我第一個沒有因為她不在而受傷的假日……我在社交媒體上用幾張照片祝賀了媽媽，然後在我的花園裡度過那一天——我一直對「大自然母親」心懷崇敬，也珍惜自己是她的管家。我有阿姨和婆婆，她們是我的珍寶，而我的家人們用美好的一餐慶祝大家共度的時光。[6]

找到歸屬的地方可以治癒母愛飢渴。沒有歸屬感，我們便預設為使人成癮的替代品，以此麻痺自己的寂寞。雖然寂寞可能感覺起來比冒險連結安全，但是找到你可以暫時緩解思考的地方是治癒「母愛飢渴」的必要部分。布魯斯．亞歷山大（Bruce Alexander）針對成癮的開創性研究使得這個真相變得無可辯駁。在他的研究中，他注意到，當大鼠被單獨關在一間有一瓶普通水和一瓶古柯鹼水的籠子裡時，大鼠飲用古柯鹼水，直到生病和死亡為止。然而，當亞歷山大給予這些小型哺乳動物一些事情做（玩具、輪子）以及幾個同伴（其他大鼠）時，這些動物就飲用普通水且避開古柯鹼水。[7] 由於大鼠的大腦類似於人類的大腦，亞歷山大的研究強調且正常化了我們對人類歸屬感的需求。

找到有歸屬感的地方聽起來比實際上容易許多。你八成已經嘗試過了。女性團體可能是可怕的地方。你可能已經了解到教會也不安全。基於這個原因，我喜愛十二步驟計畫。它們是自由、非批判且讓人有歸屬感的地方。如果這個想法令你害怕，請嘗試電話聚會或「室內」（InTheRooms）或「尋找誠信」（Seeking Integrity，網址：www.seekingintegrity.com）等線上團體，尋求支持。

脫離母親

有時候，母親的行為以及她的欠缺悔意是很痛的，痛到你需要離開她。「脫離」媽媽是最後的手段，而不是解決母愛飢渴的辦法——它比較像是生存策略。你根本無法讓自己繼續接觸她。

當你面臨這個決定時，要確保你是在見證到你的心痛的專業人士的諮詢和照護下做出這個決定。決定脫離母親的做法絕不應該是出於憤怒或企圖「獲勝」以及最終感到強大。相反的，就跟任何其他的健康邊界一樣，必須經過仔細考慮且基於和平才能做出如此重大的決定。這並不是說你不會感到難過。悲慟是任何脫離過程的一部分。何況脫離母親可能是所有脫離中最痛苦的。

天上聖母

當你從創傷性決裂或傷害中逐漸療癒時，你需要有人陪在你身邊……當事情感覺無望時，你可以在凌晨三點鐘仰賴這個人，或是當世界從一開始就感覺沉重時，你可以一大早想到的第一件事。在這些時刻，你的心會尋找了解你且疼愛你的母親形象，這人不會因為你的恐懼而有負擔。在這樣的時刻，我的某些個案發現，投入天上聖母的懷抱很有幫助。

從歷史上看，人類既崇敬女性神明，也崇敬男性神明。事實上，許多人體認到，《聖經》中猶太教基督教的神明既是男性又是女性。然而，父權勢力試圖從集體心靈中抹去上帝女性化的面向。基於這個原因，你可能會在創造天上聖母方面需要協助。你的足智多謀可以在此盡情發揮。讓你的想像力協助你。假使你覺得自己的想像力並不特別豐富，請想想小時候創造幻想中的母親所付出的努力。你一定辦得到。

要讓自己有夢想。你理想中的媽媽會是什麼樣子呢？（假使你母親仍舊健在，你可能會抱持希望，期盼她一定會改變，而不是做著這件需要想像力的工作。但是現在，你已經知道這是拖延策略，是迴避悲慟的方法。）假使你不知道如何創造理想的母親，你可以探索歷史上人類崇拜的女神形象。如果需要善於養育的母親，不妨想想希臘女神蓋亞（Gaia）。蓋亞是地球的母親靈魂，她提供生命和養分。蓋亞有時候被稱作「地球母親」（Mother Earth），她在每一個文化中都有名字。如果你需要善於保護的母親，卡莉（Kali）是可以召喚的強大女神。卡莉是印度教女神，她摧毀邪惡勢力並維護自由。卡莉在印度境內廣受崇拜，她是神性的保護者。想像一下，卡莉可能會做什麼事來幫助你。她會跟誰戰鬥呢？為了安全，她會帶你去哪裡呢？如果需要指引，你可能會研究運用智慧平衡凶狠的女神，例如雅典娜

（Athena）與波瑟芬妮（Persephone）。她們如何做出艱難的抉擇呢？

還有其他地方可以尋找靈感。在你的人生中有沒有你覺得很有吸引力的女人呢？如果有，吸引你的是什麼呢？是她們的溫暖、力量、自信或美麗嗎？如果你無法想到任何人，那麼啟發你的書籍或電影中的角色呢？也許是「神力女超人」（Wonder Woman），她擁有超人的力量、擋住子彈的臂鐲、讓人說實話的魔法套索。神力女超人的創造者是威廉・馬斯頓（William Marston），他受到愛的啟發。他的情人奧麗弗（Olive）恰好是艾瑟兒・柏恩（Ethel Byrne）的女兒，艾瑟兒・柏恩與姊妹瑪格麗特・桑格（Margaret Sanger）一起開發了現在的「計畫生育」（Planned Parenthood）並提供了幾種最早期的節育方法。[8] 如果你需要靈感，這個故事有許多靈感。

這裡的重點是，准許你自己刻意地轉向內在：找到可以提供你仁慈和愛的天上聖母。然後融入那份愛之中。隨著你這麼做，愛將會滲透到你的組織中，而且假以時日，你可能會成為你自己的內在母親，充盈著滿滿的溫柔和保護。

EMDR療法

對於已經找治療師諮商的人們來說，你可能了解EMDR（眼動減敏及重新處理治療）。也許你嘗試過了。假使嘗試過了，我希望你發現它很有幫助，但是如果它對你不起作用，或許是因為你找不到一處「安全的地方」。「安全的地方」是法蘭芯．夏琵珞（Francine Shapiro）設計的原始協定的一部分。雖然對於開始進行EMDR來說，「安全的地方」是行之有效的策略，但是對於不知道安全的地方到底是什麼感覺的人們來說，它可能是路障。

幾年前，我使用EMDR療法幫助個案印記她的天上聖母，我發現，標準EMDR協定的「安全的地方」阻斷了這個過程。事實上，這種情況一次又一次地發生。我的許多個案根本找不到「安全的地方」。沒有母親保護的女性往往不知道安全的體受感。要求她們找到「安全的地方」似乎會導致不必要的挫敗或羞恥感。迴避型個案很惱火，決定跳過EMDR。比較焦慮的個案為了取悅我而嘗試，但是那個協定陳腐而冷漠。幾次失敗後，我也很挫敗。我決定看看EMDR是否可以在沒有「安全的地方」之下運作。它確實奏效了。而且收益好到不容忽視。我靜悄悄地收到絕佳的結果。

因為參加二〇一七年EMDR國際協會（EMDR International Association）大會，馬歇爾・威廉斯基（Marshall Wilensky）博士與凱蒂・奧謝（Katie O'Shea）碩士的工作引起了我的關注。他們標題定為「當安全的地方不起作用時」（When Safe Place Doesn't Work）的研究報告確實令我駐足欣賞。閱讀他們的報告證實了我對「安全的地方」的體驗，也讓我了解到，在胎兒與親生母親建立連結之前，在子宮內有一小段時間空窗。在受孕後的前五到六週期間，原始神經系統就位（我們在懷孕四週末擁有大腦），而且有大約十萬個神經元在放電，所以我們在依附於親生母親之前的某些經驗有可能被儲存在我們的身體內和頭腦中。他們認為，或許，在那扇小小的窗口中，在依附於焦慮、矛盾或不快樂的母親之前，可能會有某段安全的身體記憶。

因為感覺比較好些，我便毫無歉意地與個案們一起修改了EMDR療法，重拾信心，認為內在的安全感可能存在。時間又快進一年，我認識了「聚焦依附派EMDR療法」（Attachment-Focused EMDR）之母蘿芮兒・帕內爾（Laurel Parnell）博士。她證實了為什麼同樣是傳統EMDR療法一部分的計數協定，對我或我的個案來說效果不彰。像這樣的有用指引大大有幫助。如果你之前放棄了EMDR療法，希望你可能考慮再次與接受過蘿芮兒．帕內爾博士培訓的臨床醫師一起嘗試。

長期的關係創傷

當身體成為戰場時，紊亂型依附模式會持續存在。比起療癒比較溫和的「母愛飢渴」，爭取安全感需要更多的努力。如果你是「三級母愛飢渴」的受害者，首先你需要與為你的幸福投注心力的某人建立安全的關係。派翠西亞．德揚寫道：「長期的關係創傷給我們的心靈留下了不可磨滅的印記。」[9] 三級母愛飢渴是長期的關係創傷。「不可磨滅」的印記是你的心頭上的疤痕組織。這就是為什麼你需要稱職的嚮導來幫助你。如果沒有安全的關係，三級母愛飢渴造成的創傷勢必無法治癒。欠缺這類關係解釋了為什麼女性在住院期間沒有好轉。

根本上，治療這種難以言喻的傷口必須先聚焦在紊亂型依附而不是創傷，因為破裂的母親關係就是創傷。與一位值得信賴的成年人建立安全的關係正是治療的關鍵。一旦安全的關係建立好，可能甚至不需要創傷療癒，因為依附療癒就等於是創傷療癒。

如此複雜的依附療癒過程需要通曉創傷的治療師——這人可以安全地與你一起迷失於

你在你的頭腦中和身體內感覺到的無所適從和分裂混亂；這人可以容忍你正在體驗的悲慟深度。只有當你感覺被感覺到了——當你的身體知道某人正與你一起深深地體驗這份瘋狂時——你才能回到自己的家。

「脫離風暴」（Out of the Storm，網址：www.outofthestorm.website）是有用的資源，可以找到通曉創傷的治療師。

何時解脫？

每一位因為「母愛飢渴」而尋求支持的女性的內在都有個女嬰，而我要學習她的語言。我的個案不關心我開什麼車、住在哪裡，或我是否吃麩質（好吧，起初，某些人確實關心我是否吃麩質）。隨著我們逐步進入治療，她們多半需要我完全臨在，注意她們臉上的每一個細微變動並做出相應的回應。我並不總是真正理解。但是當我錯過了某個提示並出現短暫的斷連時，那卻是一次修復的機會——有機會模擬當體貼關愛的女人為這段關係的幸福負責時，這段關係會是什麼樣子。這是有效的治療法，也是通曉創傷的治療師所提供的治療法。

療癒母愛飢渴是非線性、流動的過程。沒有時間軸可以揭示將會產生最佳結果的必要努力或時間表。然而，我發現非常有幫助的是：放下執著於何時解脫。你不需要這種壓力。就跟道歉疼痛一樣，尋求何時解脫是渴求某個幻想。即使你用遍所有工具，你的人生也開始好轉，還是會有悲慟再次找到你的日子——例如母親節當天。對許多成年女兒來說，母親節是特別可怕的日子。以下是我收到的一封電子郵件，它捕捉到了許多女性體驗到的感受：

嗨，凱莉，

感謝你邀請讀者寫信給你。我討厭母親節。我自己的母親對卡片、禮物、電話貪得無厭，而且對她來說，沒有一樣夠好。這天是每年的失敗設定日，我懼怕啊。我在三十多歲的時候當了繼母，然後這一天變得加倍糟糕，因為三個孩子和他們的爸爸一起出門，或是我們大家會一起出門為他們的媽媽買禮物和卡片。我感覺（好像）自己是頂替的冒牌貨，試圖參與同時心中想著：「這不是我的工作啊。」

我沒有自己的孩子，而且每年我都需要做好準備，我的繼子女可能會或可能不會發簡訊或打電話。那天很寂寞。如果我出門，雜貨店店員、餐館工作人員、（或）店鋪老闊會祝賀我母親節快樂，我會謙恭地微笑，但內心裡卻覺得自己像個騙子。我自己的母親曾經說過：「有繼子女，那不是真正當媽媽，對吧？」今年完全出乎我的意料，加上病毒，情況格外艱難。明年我一定會準備得更好。

當悲慟再次悄悄襲來時，可能很令人沮喪。你可能會認為那是你沒有在療癒的跡象。但事實並非如此。持續的悲慟是母愛飢渴的一部分，那連結到所謂的「模糊性失落」。假使沒有承諾無痛的快速解決方案，實在很去面對問題。然而，欠缺齊整的解脫期是被剝奪的悲慟和模糊性失落的本質，並不表示病態。

與其期待你的心擺脫週期的隱痛，倒不如注意那些當你不再躲藏在羞恥底下的時刻。雖然這種傷口可能感覺永遠不會完全癒合，但是隨著你替換掉失去的母親照護並將疼痛轉變成目標時，你將會得到內在的平靜。於是，你將會變得更能夠容忍不可避免的黑暗日子。我發現派翠西亞·德揚針對有毒的羞恥的研究很有幫助，因為它與療癒有關。她說我們可以變得對羞恥有韌性。「羞恥可以被轉化，而且這樣的轉化發生在與親近的某人連結時，這調節我們的神經系統。」[10]

同樣的道理適用於母愛飢渴。

在你努力替換掉失去的養育、保護、指引之際，要記住這是持續的過程。你正在建立新的大腦，就跟任何全新的例行程序一樣，需要時間才能感受到結果。請不要靠你自己完成這一切。你已經孑然一身夠久了。你的身體是為幸福而設計的，但我們是關係的生物，我們需要與他人連結。療癒母愛飢渴帶你回家——回到你自己的家——但是當你的家周圍有一座村莊時，它真的很有幫助。

重拾受損的夢想和目標

這是一種有趣且有成效的方法，可以辨認你的渴望和夢想。首先，讓我們把自己的大腦準備好。

想到你迄今為止取得的四項重大成就。你最自豪的成就是什麼？（例如，戒酒或完成學業課程或搬到新城鎮全都是重大的成就。）

你表達創意的四種方式是什麼？（規劃膳食、招待朋友和家人、或創作音樂和藝術，這些只是其中幾個想法。）

為你的生命帶來意義的是什麼？列出四件能讓你早晨起床的事。（設法想想能使你微笑的事，例如你的寵物、瑜伽課或一杯咖啡。）

現在你的大腦已經準備好迎接下一部分。

想出七個字詞來形容你自己，例如風趣、漂亮、有韌性、有創意。（這是感覺最像你的「自我」，不是擔心別人怎麼想的「自我」。）

想想你喜歡做的七件事，它們帶給你目的感和意義感。（如果你需要想法，請返回前三份清單。）

當你想好全部十四項的時候，請挑選你最愛的三個形容詞。（例如，形容你自己的字詞可能包括強壯、漂亮、堅持不懈、風趣、安靜、聰明。但是現在挑選你最愛的三項，例如(1)風趣，(2)堅持不懈，(3)漂亮。）

•

•

•

現在挑選你最愛的三項活動。（例如，(1)閱讀，(2)烹飪，(3)編織。）

•

•

•

現在來到結尾：且讓我們把你已經放在一起的東西付諸實現。從每一個類別中挑選出你最愛的前三項，造一個句子。（舉例來說，我風趣、堅持不懈、漂亮，所以我可以閱讀、烹飪、編織。）

當你造出屬於你的句子時，請把這個句子想成你的人生的內在羅盤。這可以為你的選擇和決定提供指引。

你的日常生活有多少反映出這個陳述句？一〇％？三〇％？六〇％？

你該怎麼做才能增加這個百分比呢？

你的人生越能反映真實的你，你就越不需要用不健康的行為或人們來填補空虛。

第10章

帶著母愛飢渴為母育兒

我喜愛與所有人生階段的母親合作，因為合作，我們阻止了代代相傳的母愛飢渴。如果你正在閱讀本書，而且因為孩子已經長大成人而感到遺憾，那麼請放心，因為無論孩子年齡大小，你的療癒都會對他們產生正向影響。這並不是因為你告訴你的成年子女你正在做什麼；事實上，他們很有可能不想要或不需要聽到這些。那是因為，隨著你的療癒，你說話的方式、你的面部表情、乃至你的身體如何移動，都會發生改變。在能量上，你的身體向周遭每一個人發送安全和慰藉的訊息。替換掉失去的母愛元素可以改善你疼愛自己和他人的方式。

我發現，治癒了母愛飢渴的疼痛的女性，成為非常關心、慈愛的母親。一次又一次，我親眼目睹成年女兒與其母親之間破碎的連繫轉化了。正如我之前說過的，由於我們的成長從未真正超脫對母親的渴望，因此女兒們總是最欣賞母親的修復努力。對於已經有孩子的人來說，要受到鼓勵；隨著你療癒了「母愛飢渴」，你的努力便會轉移到你的孩子身上。

從嬰兒時代開始

如果你正在考慮養小孩，那麼這一章很適合你。事實上，深入探索運用母愛飢渴為母育兒值得單獨寫一本書。但是現在，簡短的這一章可能會有所幫助。

我想要強調的是，你的小小孩需要的每一個元素——養育、保護、指引——你也需要。為了好好養育，你需要接受來自朋友和家人的養育。為了保護你的寶寶，你必須很安全。由於你對寶寶的渴望可能不同於你的母親給你的東西，因此你需要來自其他母親的指引。這些人是支持你渴望與寶寶親近的女性、贊成你渴望溫柔和有所回應的母親、自己走過這趟旅程的母親。

請放心，即使患有母愛飢渴症，當你讓大自然母親作為你的嚮導時，你也可以好好養育。我將會分享一些有用的想法，緩解在文化上主導但卻誤導了嬰兒照護的資訊，讓你在重要的抉擇上有更多的選項。

我發現，不帶負面影響或隱含意圖的指引，可以具有療癒作用，甚至帶來自由解放。最近，一位個案與我分享了一則令人雀躍的資源，提供給那些對有孩子感到矛盾的女性採用：

「母親身分清明教練」。這類教練幫助女性穿越文化的壓力和代代相傳的期待，找到自己的真相，了解母親身分是否是她們的最佳選項。有孩子會改變人生，當然不適合每一個人。有人支持這個重大決定至關重要，因為壓力來自許多方向，而且使一切變得比較困難。

母愛飢渴經常改變你奠基於身體的養育寶寶指引系統。尤其對於有三級母愛飢渴症的人們來說，純粹地愛你的寶寶或孩子的感覺可能非常陌生，陌生到它帶來焦慮和解離的狀態，伴隨非常強烈的養育和保護渴望。這些兩極分化的情緒可能非常令人困惑，也可能淹沒連繫和依附過程。預料到這點以及知道那很正常頗有助益。

心理治療師蘇珊・佛沃（Susan Forward）博士說：「沒有魔法開關可以開啟母親的本能，確保女性，尤其是陷入困境的女性，可以突然間與她的寶寶建立連繫。」[1] 雖然這裡有一個真相的元素，尤其如果你有三級母愛飢渴，但是你確實有一個魔法開關——催產素。大自然為你提供與寶寶建立連繫所需要的一切。不幸的是，在這個強大的依附過程中，我們的文化並不支援大自然。外在世界的要求給你帶來難以置信的壓力。當提供錯誤資訊的專家介入且重新導引幫助你成為母親的自然方法時，問題就會出現。要當心告訴你寶寶可以自我安撫的睡眠訓練專家，對方告訴你，寶寶需要分開，或學步幼兒需要反省一下；這些專家並不關心依附。他們糟糕的建言可能使你無法觸及大自然的魔法開關，無法培養你和你的寶寶所需要的養育行為。

催產素：大自然的魔法開關

就跟所有其他哺乳動物一樣，我們天生就會與我們的寶寶建立連繫。生物學提供強大的神經化學支援，幫助我們成為母親。回想一下你上次感覺與某人有深度連結的情景。你覺得溫暖嗎？有希望嗎？

建立連繫很愉快，因為催產素在起作用，創造出你會一次又一次想要的正向體驗——不是因為你需索無度，而是因為你是人類。有時候被稱作「愛的激素」的催產素是一種強大的神經遞質，當你與你所愛的人擁抱、體驗性高潮、分娩或製造母乳時，催產素會滿溢全身。男人和女人都有促進連繫建立的催產素受體。如果女性分娩或哺乳，就有更多的機會體驗催產素，但是即使沒有這兩種體驗，親近、擁抱、依偎、照顧孩子也會召來催產素。

催產素將成年人轉變成父母——將你從少女轉變成母親。為脆弱、完全依賴的小人類的幸福負責是不可思議的任務，而且你一定會改變。改變很痛。即使想要改變，我們可能也會抗拒。抗拒這個特別的改變機會只會讓為母育兒變得更加艱難。要欣然接受這個暫停的機會，放慢腳步，保持好奇心，調整頻率，聆聽自己內在的改變與孩子的需求。

如果你小時候經常有人哺育和摟抱，那麼與沒有得到適當養育相較，你會更容易適應這個新的篇章。如果沒有在內在感應到以一種善解人意、懂得同調的方式被照顧是什麼感覺，照顧寶寶或學步幼兒可能感覺起來既不自然又令人害怕。因此，知道生物學站在你這邊會有所幫助。要允許大自然母親指引你，聆聽寶寶關於安慰、食物、親近的提示。

盡可能多多擁抱你的寶寶，你才可以打開母親的魔法開關。催產素的流動取決於此。無須擔心會製造出過度依賴的寶寶。寶寶不可能被寵壞。經常被觸碰的寶寶會長出更大、更好的腦子。與嬰兒保持親近的母親會長出一顆母親的心。催產素和催乳素（一種產奶激素）的設計旨在減慢你的速度，讓你可以與寶寶建立連繫。你可能聽說過或現正感覺到的朦朧「媽咪腦」（mommy brain），是有目的的嗜睡狀態；那是大自然的邀請，要你放鬆，陪伴你的新生兒。關於這些強大激素的更多資訊，請參閱第三章：〈母愛的三個基本元素：㈠養育〉。

表觀遺傳

毒性壓力、代代相傳的性別物化、欠缺支援、尚未解決的母愛飢渴，使許多母親沒有表觀遺傳的智慧可以指引她們從少女過渡到母親。由於多數表觀遺傳的傳遞都是透過母系，因此你的母親的故事便大大影響你自己的故事。她只能給出她得到的東西。表觀遺傳學告知我們，我們承繼了祖先的韌性與創傷。

新媽媽需要跟寶寶一樣的照護：養育、保護、指引。在某些方面，有母愛飢渴的人們就跟新生兒一樣脆弱，因為在你做出這個強而有力的轉換時，你並沒有你所需要的母親的支持。為了阻止「母愛飢渴」的傳遞，要讓自己身邊有一支將會餵養和保護你同時花必要的時間與新生兒建立連繫的團隊。最初三年的早期養育和安全是抵禦逆境和壓力的最佳保障（僱用產後產婦陪護對你和你的新生兒來說是絕佳的開始）。

分娩與壓力

北美地區的許多婦女在面對分娩之前並沒有親眼目睹過分娩，因此分娩的自然過程可能很奇怪也很嚇人。假使你正在為分娩做準備，了解你驚人的女性身體有助於在寶寶到來之前建立你的自信。知識就是力量。

大自然幫助你成為母親的第一項努力開始於催產素湧入以緩解分娩疼痛。在分娩期間，隨著宮縮逐漸增強，催產素也隨之增加。催產素同時削弱你的嫻淑端莊，幫助你逐漸進入分娩的節奏。

不幸的是，生物學還沒有開發出強效催產素配方，效力強到足以對抗醫院裡嚇人的聲音、有毒的氣味、令人不安的燈光。恐懼使分娩複雜化，激起腎上腺素和皮質醇的神經串聯，這在分娩期間毫無幫助。這些激素是戰鬥或逃跑所必須，但在分娩期間卻適得其反。

女性本不應該在這些無菌和紛亂的條件下分娩。研究顯示，生產時，如果在熟悉的環境中，有昏暗的燈光和柔和的聲音，進展會更加順利。此外，我們需要其他女性在場——冷靜、自信、關懷體貼的女性。基於這個原因，我希望你考慮替代醫院的方案，例如分娩中心、助產士、和產婦陪護。產婦陪護越來越受歡迎是振奮人心的趨勢。產婦陪護是在分娩期間和分娩之後安慰、鼓勵、協助你的同伴。產婦陪護與醫療服務提供者和助產士合作，而且他們的唯一目的是支持母親。研究顯示，有產婦陪護在場可以提高產婦的催產素釋放。[2] 有產婦陪護在身邊，分娩便不那麼嚇人，你也有更好的機會早早與寶寶建立連繫。

哺育

人類的母乳是專為新生嬰兒設計的。當免疫系統年輕時，你的母乳可以保護寶寶免於疾病的侵害。母乳調節新陳代謝並促進新生兒的大腦快速發育。經常吸吮使寶寶平靜，也讓你身心放鬆。母乳是連繫和依附的完美配方（不是故意在說雙關語喔）。如果你要收養嬰兒，你可能會想要探索可以刺激乳汁分泌的方法或考慮從母乳銀行購買母乳。

正如我之前提到的，我偏愛「哺育」這個詞，勝過「哺乳」，因為「哺育」的發生有奶瓶或乳房，而且它不只是餵食。哺育是摟抱、依偎、唱歌、清潔、照料。哺育是養育。

雖然母乳的優點眾所周知，但是多數醫生並沒有接受過足夠的訓練，無法支持你完成這個驚人的過程。因此，如果你想要哺育寶寶，了解以下幾件事很有幫助：

- 大多數嬰兒在出生後四十八至七十二小時都不會很餓，因此他們的吮乳反射可能不夠強烈，無法正確地含住乳頭。
- 當母乳湧現時，你可能會體驗到乳管堵塞和疼痛，這很正常。這種情況發生時，會很痛。要事先有一份計畫，來自助產士、產婦陪護、IBCLC認證的泌乳顧問，或「國際母乳會」（La Leche League）的志工。
- 催乳素是促使你的身體分泌乳汁的激素，它仰賴供給與需求。肌膚接觸和頻繁的吸吮促進催乳素。越是刺激乳頭和肌膚，乳汁就流動得越順暢。
- 經常以及長時間哺育促使你放鬆身心，讓寶寶有最好的機會接觸到後段母乳——母乳中富含乳脂的部分出現在餵奶階段後期，可以刺激嬰兒的大腦發育。
- 幾個世紀以來的基因編碼使你的寶寶與你的身體天生親近。出生時，你的寶寶已經可以聞到你的乳汁且知道你的氣味。與寶寶親近是你提供母乳和建立安全型依附的最佳方法。

身體因生產而痠痛以及突然間產奶，這樣的脆弱可能會令人不知所措。哺乳需要時間學習。只因為它屬於生物學並不意謂著它完全憑直覺。你正在展開一段新的關係，而且就跟任何新關係一樣，它令人驚歎、尷尬、令人激動、困惑，有時候令人痛苦。假使親自哺育寶寶變成壓力重重，務必請你放心，無論你如何餵養你的小小孩，你的小小孩都可以因為你的體貼照護而茁壯成長。奶瓶餵食對母親來說是救贖，而對寶寶來說，摟抱時間是救贖，只要眼神交流和身體接觸是這個儀式的一部分。幸運的是，即使親自哺乳不順利，肌膚與肌膚的接觸、共享的摟抱、好玩的互動也會使你的催產素保持流動。

如果你從這一章中只帶走一件事，我鼓勵你在寶寶降臨前聯繫泌乳專家、產婦陪護或國際母乳會志工。建立支持團隊在最初幾個月共同為你提供順遂成功的最佳機會。我希望你得到許多支援，因為如果你有母愛飢渴，那麼伴隨哺育而來的激素的好處便非常重要，可以幫助你從忙碌的成年人過渡成善於安撫的父母。作為新手媽媽，你跟新生兒一樣，需要許多養育。無論你是生孩子還是收養孩子，在你自己的嬰兒期過後，這是你人生中最脆弱的時期。你的最佳指引來自於調頻聆聽寶寶的提示。但是在一個要求你多方面關注的世界中，這可能充滿挑戰。

與其聽從配方奶粉公司設計的餵食時間表或睡眠訓練專家的建言，不如好好聆聽你的寶寶的意見。你的寶寶知道他或她需要什麼才能感到安全。對某個寶寶有效的方法對另外一個寶寶可能無效。由於在子宮內接觸到母親的憂傷，某些寶寶比其他寶寶更難安撫。中斷的哺乳節奏可能導致早期餵食問題，從而使建立連繫複雜化。假使沒有足夠的乳頭刺激，催乳素會減慢，產奶量也因此而減少。如果母乳餵養困難或寶寶哭鬧，你可能會因悲傷或羞恥感而苦苦掙扎。如果有壓力，你可能會迴避摟抱寶寶，那將會降低你的催產素水平。當這種情況發生時，很容易陷入焦慮和抑鬱的癱瘓循環。這些挑戰很正常。如果你沒有為寶寶製造足夠的母乳，很可能你需要更多的支持和指引。或許沒有人告訴過你，哺育寶寶是全職工作，或夜間與寶寶親近可以增加白天你可能不在寶寶身邊時的母乳分泌量。這就是為什麼某些專業人士建議應該盡早開始的睡眠訓練，對產奶量不利且對建立連繫造成壓力。

打破母愛飢渴的循環

你可能會因為母親身分的實際情況而無所適從或感到震驚。失去自由、無法掌控、巨大的責任，可能會令人不知所措。背負母愛飢渴的重擔使這些正常的感受更加複雜。純粹喜樂和極度驚恐的混合可能會引發情緒危機。疼愛你的寶寶喚醒埋藏在你內心深處的真相，觸及你自己的匱乏和心痛。沒有你自己母親的支持，這些情緒的強度可能會大到無法處置。我希望當這種情況發生時，你有安全的環境以及有助益的關係可以安慰和保護你。

我很高興你在此了解大自然的設計，以及擁有你的孩子也需要的養育、保護、指引對你來說有多重要。由於覺知、溫柔、準備，你可以在養育寶寶的同時像母親一樣照顧自己。事實上，成為母親可能是你第一次照顧自己，因為人生不再只是你自己，而且照顧自己也是對孩子最好的方法。在你用優質的食物、睡眠、與其他女性的連結養育自己之際，你便停止了代代相傳的母愛飢渴。在為母育兒的任何階段，你的療癒都是帶給你的孩子（以及帶給這個世界）的禮物。

為母育兒的資源

- 愛嬰醫院行動（Baby-Friendly Hospital Initiative，簡稱 BFHI）於一九九一年啟動，旨在確保無論是獨立自營或在醫院中的所有為母育兒的機構，讓這些機構都成為支援母乳餵養的中心。這些機構的網站可以指引你在所在地區找到可以支援的機構。
- 依附教養國際協會（Attachment Parenting International）為父母提供以科學為基礎、以依附為焦點的建言。他們的時事通訊非常有幫助。
- 妲西婭・納瓦茲（Darcia Narvaez）是研究人員，她的工作聚焦在「終生人類健康」以及「滿足嬰兒的生物需求」。[3] 我推薦她的著作《神經生物學與人類道德的發展》（*Neurobiology and the Development of Human Morality: Evolution, Culture, and Wisdom*）以及她的部落格（evolvednest.org）。
- 威廉・西爾斯與瑪莎・西爾斯（Martha Sears）合著的《親密育兒百科》（*The Baby Book: Everything You Need to Know About Your Baby from Birth to Age Two*）是來自一位醫師和一位護士的優秀指南，他們養育了孩子，現在更有了孫子女。

- 《依附育兒書》（*The Attachment Parenting Book: A Commonsense Guide to Understanding and Nurturing Your Baby*）是「西爾斯育兒圖書館」的另一項優秀資源。
- 威廉・西爾斯的《親密育兒法》（*Nighttime Parenting: How to Get Your Baby and Child to Sleep*）解釋了夜間育兒與白天育兒同樣重要。
- 「養出優秀兒」（Raised Good）：這個部落格裡滿是在現代世界裡自然育兒的支援指引，而且提供線上課程（網址：https://raisedgood.com）。

結語

壓力使我們變得易怒。我們的臉部繃緊，不笑，聲音聽起來刺耳或沙啞。在我穿越新冠肺炎（COVID-19）的危險完成這份手稿之際，我心頭上脆弱的母親和孩子們相當沉重，因為我知道，那份壓力對他們來說實在太大了。假使我還在每天為母育兒，這本書根本不可能出現。它要求我找到正確的語言來描述原始的心碎如何發生，找到文字來描述母親辜負小小孩的各種方式——包括慈愛的母親、好母親、敬業的母親；想要孩子、感覺自己準備就緒、也盡力而為的母親；跟我一樣無法提供自己根本沒有的事物的母親。假使我要在某次傳染病大流行期間為母育兒，我恐怕做不到。

撇開傳染病大流行不談，撰寫關於母愛飢渴的文章是我做過最艱難的事情之一。即使我當時撰寫的是美味的東西（例如食譜），我也一定會很掙扎。寫作實在很難。還好，在準備的早期階段，我找到了蓋兒．霍尼曼（Gail Honeyman）的《再見媽咪，再見幸福》（*Eleanor Oliphant Is Completely Fine*）。閱讀霍尼曼精彩地描寫被剝奪的解離女兒是撰寫關於《童年母愛缺欠》的完美同伴。霍尼曼的女主角是「母愛飢渴」的典型代表，她體驗著那份強烈的需求因幻想而麻木，以及因早期心碎而出現的分裂自我。

劇透預警：霍尼曼寫了一個跟我的臨床案例一樣真實的虛構人物。故事中，艾蓮諾・歐利芬（Eleanor Oliphant）與素未謀面的男子產生了戀情。那是我見過的最引人入勝的愛情上癮故事之一。此外，她每週與殘酷、挑剔的母親通電話。這可能很合理，只除了她母親去世了。她捏造的電話說明女兒如何在難以忍受的悲慟和創傷中倖存下來。歐利芬注滿伏特加烈酒的孤立狀態幾乎使她無家可歸，那代表每一個女人最慘痛的噩夢。從來不知道母愛的歐利芬分享了一個強而有力的真理：「寂寞是新型癌症」。

在這場傳染病大流行期間，在我們遮住臉龐、掩飾彼此的笑容之際，我不禁想到因為新冠肺炎而隔離的含義。最近，一位專拍嬰幼兒照的攝影師告訴我，她注意到，在過去四個月裡，要寶寶微笑變得越來越難。她的觀察使我想到碧翠絲・畢比的研究，於是思索著嬰兒凝視著戴口罩的面孔所造成的長期影響。他們的鏡像神經元正在失去什麼呢？

雖然口罩令人沮喪，但是寶寶和他們的照顧者一起被隔離的其他故事卻充滿希望。二〇二〇年出生的小小孩進入一個與媽媽和其他照顧者保持親近的世界。每天，我從父母那裡聽到他們如何在與寶寶共享的隔離期間找到禮物。他們輪流負責照護嬰兒、照護學步幼兒、做好家務事、扛起事業責任。這並非沒有壓力。沒有人能免除新冠疫情的壓力。但是對小小孩來說，始終有大人親近的好處可能會有回報。

不過，家庭暴力以及財務無保障卻侵蝕了親近的好處，而且帶著長期恐懼生活的家庭數量驚人，很可能因此產生三級母愛飢渴。有醫生舉報，擔心兒童處在暴力的情境中。美國加州投資了四千兩百萬美元來保護由於新冠肺炎而面臨辱罵和虐待風險升高的兒童。[1] 或許好消息是，新冠肺炎讓人們越來越覺知到童年逆境經驗以及毒性壓力對兒童的影響。[2] 諸如「童年逆境經驗連結網」（ACEs Connection）、「羅伯特・伍德・約翰遜基金會」（Robert Wood Johnson Foundation）、「愛荷華州童年逆境經驗三六〇」（Iowa ACEs 360）等組織，都投資於研究和行動主義，為的是支援兒童和家庭。

新冠肺炎期間，在最近《CBS 週日早新聞》（*CBS Sunday Morning*）的一集中，我得到鼓勵，要找到關於催產素有何好處的完整片段。那份報告鼓勵我們擁抱自己。[3] 而且幾週後，在同一個節目上，出現了談論微笑與鏡映的特集。[4]《科學人》（*Scientific American*）發表了由《友誼》（*Friendship*）一書作者莉迪亞・丹維斯（Lydia Denworth）撰寫的一篇文章，題為「『社交疏遠者』的寂寞觸發大腦類似於飢餓的強烈渴望」（The Loneliness of the 'Social Distancer' Triggers Brain Cravings Akin to Hunger）。[5] 諸如此類的教育報告移除掉寂寞附帶的羞恥感，因為我們知道，我們全都感覺得到它。新冠疫情迫使寂寞走出壁櫥，要求我們關注對彼此的需求。展望未來，我希望我們好好掌握這些資訊。

我們並不完全知道新冠肺炎造成的社會隔離、學校停課、經濟中斷將會如何影響我們的心智健康，但是我們知道，確實有影響。離婚率日漸攀升。母親們苦苦兼顧著工作與家庭，努力滿足不可能且相互矛盾的要求。壓力使我們的生物警報系統超速運轉。最好的情況是，我們會更加尊重那些被迫照料和結交朋友的人們，因為我們比以往任何時候更需要有人來保持房屋清潔衛生、食品貯藏室裡有食物、與家人親近。一般而言，這些職責落在女性身上，但是在長期疫情的共同壓力下，性別角色偶爾會消失不見。夫妻與家庭共同合作，因為如果每一個人都在戰鬥或逃跑，關係勢必分崩離析。對於我們對彼此的人道回應來說，尊重照料和結交朋友的本能具有深遠的影響。

沒有辦法準確地預測，當這本書來到你手中的時候，這個世界會是什麼樣子。我們會是更強健、更慈悲的社群嗎？我們會對嬰兒的需求和我們自己的需求有新的覺知和尊重嗎？照料和結交朋友的回應會讓我們更好地照顧彼此嗎？或是我們會採用食物、酒精或可以找到的改變心情的不管什麼東西，來適應新的隔離級別嗎？

我從瑪格麗特．倫克爾（Margaret Renkl）的《晚期遷徙》（*Late Migrations*）得到安慰，或許你也可以。她優美的言辭具有預言的性質，她說：「沒有什麼好怕的。根本沒有什麼好怕的。走出去，走進春天，好好看一看：鳥兒齊聲歡迎你。花兒轉過來迎向你。去年的最後一片葉子，依舊潮濕地陷在陰影裡，散發出成熟而淡然的秋天氣息。」[6] 她的回憶錄講述了大自然母親的不朽本性，她為我們而在。

母愛飢渴的安慰就在自然界中。養育和保護她，她才能養育和保護你。種植東西，整理衣櫥，食用可以滋養你的靈的食物。照料你的心痛，結交了解你的旅程的朋友。在你痊癒之際，當你累了，害怕了，就休息一下，直到你憶起「沒有什麼好怕的」為止。

致謝

賀氏書屋（Hay House）團隊，感謝你們挑選我的著作出版。你們的支持意謂著《童年母愛缺欠》將會找到需要它的女性。

對於想要與世界分享已發表的手稿的每一位作家來說，指引是必不可少的。感謝作家兼專業編輯艾咪．麥康諾（Ami McConnell）巧妙地領會本書的概念和總體使命。你的專業知識指引這些內容各安其位。凱西．曼恩（Kacie Main），感謝你運用美麗的洞見修改了第一章。科琳．卡薩諾瓦（Corrine Casanova），感謝你檢查我的研究並為我加油。ＫＮ文學團隊（KN Literary team），感謝你們幫助我提出新書提案。感謝瑪莉．歐唐納休（Mary O'Donohue），讓我「媒體就緒」。服務於「混合媒體」（Mixtusmedia）的珍（Jenn），感謝你提供社交媒體指導。

保護對寫作來說是必不可少的。就在這個世界需要安全避難所躲避險惡的疫情之際，我們家卻著火了。我們需要保護。我們收拾了家中的小貓和必須用品，逃到距離幾小時外的我父母家。他們的保護使我得以繼續寫作。

作家需要養育。我永遠感激在我伏案工作期間養育我的特別人們。我的繼母兼朋友梅琳妲（Melinda）一有機會就肯定這個企畫案。虛擬助理奧黛莉．伊斯貝爾（Audrey Isbell）提醒我要撰寫這本書，即使我並不想寫。親愛的朋友珍妮佛．阿克（Jennifer Acker）每天早晨發送愛的簡訊，分享情感的避難所。作家兼鄰居瑪格麗特．倫克爾以及特別的小狗米莉（Millie），在我們每天散步交會時表達了寫作的同理心。茱莉安．麥爾斯（Julieann Myers）感受到了這本書的精髓，將它反映給我。羅賓．薩提舒爾（Robin Satyshur）總是有時間讓我好好講完一章。布莉特．法蘭克（Britt Frank）鼓勵我使用社交媒體和牙醫預約。蜜雪兒．梅斯（Michelle Mays）打開家門，來到我家，分享編輯和孜孜不倦的反饋，而且提醒我，有人需要這本書。

在全球疫情期間與治療師及作家一起生活是某種殘酷的笑話。儘管逆境，克里斯．麥克丹尼爾（Chris McDaniel）還是備好柴薪，零食櫃塞滿滿，優雅地應對寫作時的心情波動。克里斯，感謝你提供的寫作情緒空間以及孜孜不倦地討論《童年母愛缺欠》的時間。蓋瑞特（Garrett），感謝你經常入住。你的人生前程似錦。很感激我是你的母親。

附註

推薦序

1. Lisa Donovan, *Our Lady of Perpetual Hunger: A Memoir* (New York: Penguin Press, 2020), 83.

第 1 章

1. Erica Komisar, *Being There: Why Prioritizing Motherhood in the First Three Years Matters* (New York: TarcherPerigee, 2017), 36.

2. Marcy Axness, *Parenting for Peace: Raising the Next Generation of Peacemakers* (Boulder, CO: Sentient, 2012), 192.

3. Gabor Maté, *In the Realm of Hungry Ghosts: Close Encounters with Addiction* (Berkeley, CA: North Atlantic Books, 2010), 436, as cited in Axness, *Parenting for Peace*, 193.

4. Axness, *Parenting for Peace,* 194.

5. Komisar, *Being There*, 36.

6. Amir Levine and Rachel Heller, *Attached: The New Science of Adult Attachment and How It Can Help You Find—And Keep—Love* (New York: TarcherPerigree, 2010).

7. Maia Szalavitz and Bruce D. Perry, *Born for Love: Why Empathy Is Essential—and Endangered* (New York: William Morrow, 2011), 20.

8. Gwen Dewar, "Newborn Cognitive Development: What Do Babies Know, and How Do They Learn?," Parenting Science, accessed December 2, 2020, https://www.parentingscience.com/newborn-cognitive-development.html.

9. Daniel J. Siegel and Tina Payne Bryson, *The Whole-Brain Child: 12 Revolutionary Strategies to Nurture Your Child's Developing Mind* (New York: Bantam, 2012).

10. Maureen M. Black et al., "Early Childhood Development Coming of Age: Science Through the Life Course," *Lancet* 389, no. 10064 (2017): 77–90.

11. Erin P. Hambrick et al., "Beyond the ACE Score: Examining Relationships Between Timing of Developmental Adversity, Relational Health and Developmental Outcomes in Children," *Archives of Psychiatric Nursing* 33, no. 3 (2019): 238–247.

12. Allan Schore, "The American Bowlby: An Interview with Allan Schore," telephone interview by Roz Carroll in March 2001.

13. Centers for Disease Control and Prevention, "Essentials for Childhood: Creating Safe, Stable, Nurturing Relationships and Environments for All Children," accessed November 18, 2020, https://www.cdc.gov/violenceprevention/pdf/essentials-for-childhood-framework508.pdf.

14. Megan H. Bair-Merritt et al., "A Framework for Thriving: A Comprehensive Approach to Child Health—CHCS Blog," Center for Health Care Strategies, October 13, 2020, https://www.chcs.org/a-framework-for-thriving-a-comprehensive-approach-to-child-health.

15. Komisar, *Being There*, 207.

16. Jhoanna Robledo, "Developmental Milestone: Separation and Independence," BabyCenter, December 12, 2018, https://www.babycenter.com/baby/baby-development/developmental-milestone-separation-and-independence_6577.

17. Harvard University Center on the Developing Child, "ACEs and Toxic Stress: Frequently Asked Questions," accessed September 20, 2020, https://developingchild.harvard.edu/resources/aces-and-toxic-stress-frequently-asked-questions; Adrienne Rich, "It Is Hard to Write About My Own Mother: On the Deep Complexity of the Mother–Daughter Relationship," Literary Hub, August 24, 2018, https://lithub.com/adrienne-rich-it-is-hard-to-write-about-my-own-mother.

18. Rich, "It is Hard to Write About My Own Mother."

19. Ibid.

20. Adrienne Rich, *Of Woman Born: Motherhood as Experience and Institution* (New York: W. W. Norton, 1986), 237.

21. Resmaa Menakem, *My Grandmother's Hands: Racialized Trauma and the Pathway to Mending Our Hearts and Bodies* (Las Vegas: Central Recovery Press, 2017), 42.

22. Donald Woods Winnicott, *Playing and Reality* (London: Tavistock, 1971).

23. Marco Iacoboni, "The Mirror Neuron Revolution: Explaining What Makes Humans Social," interview by Jonah Lehrer, *Scientific American,* July 1, 2008, https://www.scientificamerican.com/article/the-mirror-neuron-revolut.

24. "Why Former U.S. Surgeon General Vivek Murthy Believes Loneliness Is a 'Profound' Public Health Issue," Washington Post Live video, 5:46, May 15, 2018, https://www.washingtonpost.com/video/postlive/former-surgeon-general-dr-vivek-murthy-people-who-are-lonely-live-shorter-lives/2018/05/15/4632188e-5853-11e8-9889-07bcc1327f4b_video.html.

第2章

1. Daniel J. Siegel, "The Verdict Is In: The Case for Attachment Theory," *Psychotherapy Networker*, March/April 2011, https://www.psychotherapynetworker.org/magazine/article/343/the-verdict-is-in.

2. Daniel J. Siegel, *The Developing Mind: How Relationships and the Brain Interact to Shape Who We Are*, 2nd ed. (New York: Guilford, 2012), 91.

3. Psychology Hub, "Bowlby's Theory of Maternal Deprivation: Romanian Orphan Studies—Effects of Institutionalization," March 16, 2017, https://psychologyhub.co.uk/bowlbys-theory-of-maternal-deprivation-romanian-orphan-studies-effects-of-institutionalisation.

4. Kendra Cherry, "Biography of Psychologist John Bowlby: The Founder of Attachment Theory," Verywell Mind, March 29, 2020, https://www.verywellmind.com/john-bowlby-biography-1907-1990-2795514.

5. Allan N. Schore, "Attachment and the Regulation of the Right Brain," *Attachment & Human Development* 2, no. 1 (2000): 23–47.

6. Allan N. Schore, "The Experience-Dependent Maturation of a Regulatory System in the Orbital Prefrontal Cortex and the Origin of Developmental Psychopathology," *Development and Psychopathology* 8, no. 1 (Winter 1996): 59–87.

7. Peter Graf and Daniel L. Schacter, "Selective Effects of Interference on Implicit and Explicit Memory for New Associations," *Journal of Experimental Psychology: Learning, Memory, and Cognition* 13, no. 1 (1987): 45–53.

8. Brigid Schulte, "Effects of Child Abuse Can Last a Lifetime: Watch the 'Still Face' Experiment to See Why," *Washington Post* (blog), September 16, 2013, https://www.washingtonpost.com/blogs/she-the-people/wp/2013/09/16/affects-of-child-abuse-can-last-a-lifetime-watch-the-still-face-experiment-to-see-why.

9. Schore, "Attachment and the Regulation of the Right Brain."

10. "Mother–Infant Communication: The Research of Dr. Beatrice Beebe Promo," produced by Karen Dougherty, YouTube video, 1:03, June 23, 2016, https://www.youtube.com/watch?v=rEMge2FeREw.

11. Levine and Heller, *Attached.*

12. Daniel P. Brown and David S. Elliott, *Attachment Disturbances in Adults: Treatment for Comprehensive Repair* (New York: W. W. Norton, 2016).

13. Jean Baker Miller, "Connections, Disconnections, and Violations," *Work in Progress* 33 (Wellesley, MA: Stone Center Working Paper Series, 1988): 5.

14. Sarah Peyton, "Are You Suffering from Alarmed Aloneness?," interview by *Om Times* podcast, July 12, 2019, http://podcast.omtimes.com/e/sarah-peyton-are-you-suffering-from-alarmed-aloneness.

第3章

1. *South Africa Mail & Guardian*, "Your First 1000 Days Shape the Rest of Your Life," December 9, 2016, https://mg.co.za/article/2016-12-09-00-your-first-1000-days-shape-the-rest-of-your-life.

2. Dana G. Smith, "Opioid-Dependent Newborns Get New Treatment: Mom Instead of Morphine," California Health Care Foundation, August 1, 2019, https://www.chcf.org/blog/opioid-dependent-newborns-get-new-treatment.

3. Ashley M. Weber, Tondi M. Harrison, and Deborah K. Steward, "Expanding Regulation Theory with Oxytocin: A Psychoneurobiological Model for Infant Development," *Nursing Research* 67, no. 2 (March/April 2018): 133.

4. Elsevier, "Maternal Separation Stresses the Baby, Research Finds," ScienceDaily, November 2, 2011, https://www.sciencedaily.com/releases/2011/11/111102124955.htm.

5. Adrienne Santos-Longhurst, "Why Is Oxytocin Known as the 'Love Hormone'? And 11 Other FAQs," Healthline Parenthood, August 30, 2018, https://www.healthline.com/health/love-hormone.

6. Jill Bergman, "Skin-to-Skin Contact," La Leche League International, November 8, 2018, https://www.llli.org/skin-to-skin-contact; Darcia Narvaez, "The Tremendous Benefits of Breast Milk: An Evolved Nest Podcast," Kindred Media, August 6, 2020, https://www.kindredmedia.org/2020/08/the-tremendous-benefits-of-breast-milk-an-evolved-nest-podcast.

7. Michael J. Meaney, "Maternal Care, Gene Expression, and the Transmission of Individual Differences in Stress Reactivity Across Generations," *Annual Review of Neuroscience* 24, no. 1 (2001): 1170.

8. Linda Richter, *The Importance of Caregiver-Child Interactions for the Survival and Healthy Development of Young Children: A Review* (Geneva,

Switzerland: World Health Organization, 2004), https://www.who.int/maternal_child_adolescent/documents/924159134X/en.

9. Ibid.

10. Harry F. Harlow, Margaret Kuenne Harlow, and Donald R. Meyer, "Learning Motivated by a Manipulation Drive," *Journal of Experimental Psychology* 40, no. 2 (April 1950): 228.

11. Rachel Yehuda et al., "Low Cortisol and Risk for PTSD in Adult Offspring of Holocaust Survivors," *American Journal of Psychiatry* 157, no. 8 (August 2000): 1252–1259.

12. Amy Lehrner and Rachel Yehuda, "Cultural Trauma and Epigenetic Inheritance," *Development and Psychopathology* 30, no. 5 (December 2018): 1763–1777.

13. Bruce H. Lipton, "Maternal Emotions and Human Development," Birth Psychology, available through the Internet Archive, https://web.archive.org/web/20121113215219/https://birthpsychology.com/free-article/maternal-emotions-and-human-development.

14. Mark Wolynn, *It Didn't Start with You: How Inherited Family Trauma Shapes Who We Are and How to End the Cycle* (New York: Penguin, 2017), 25.

15. William C. Shiel, "Definition of Epigenetics," MedicineNet, December 21, 2018, https://www.medicinenet.com/epigenetics/definition.htm.

16. "Scientists Discover How Epigenetic Information Could Be Inherited," Research, University of Cambridge, January 25, 2013, http://www.cam.ac.uk/research/news/scientists-discover-how-epigentic-information-could-be-inherited.

17. Komisar, *Being There*, 36.

18. Diana Divecha, "How Cosleeping Can Help You and Your Baby," *Greater Good Magazine: Science-Based Insights for a Meaningful Life*, February 7, 2020, https://greatergood.berkeley.edu/article/item/how_cosleeping_can_help_you_and_your_baby.

19. James J. McKenna, *Safe Infant Sleep: Expert Answers to Your Cosleeping Questions* (Washington, D.C.: Platypus Media, 2020).

20. Komisar, *Being There*, 101.

21. William Sears, *Nighttime Parenting: How to Get Your Baby and Child to Sleep* (New York: Plume, 1999).

22. James J. McKenna, Helen L. Ball, and Lee T. Gettler, "Mother–Infant Cosleeping, Breastfeeding and Sudden Infant Death Syndrome: What Biological Anthropology Has Discovered About Normal Infant Sleep and Pediatric Sleep Medicine," *American Journal of Phys-*

ical Anthropology: The Official Publication of the American Association of Physical Anthropologists 134, no. S45 (2007): 133–161, 135.

23. Ibid., 147.

24. "Safe Cosleeping Guidelines," University of Notre Dame Mother–Baby Behavioral Sleep Laboratory, accessed December 3, 2020, https://cosleeping.nd.edu/safe-co-sleeping-guidelines.

25. Komisar, *Being There,* 90.

26. Bessel Van der Kolk, *The Body Keeps the Score: Brain, Mind, and Body in the Healing of Trauma* (New York: Penguin, 2015), 217.

第4章

1. Tara Brach, "Healing Addiction: De-Conditioning the Hungry Ghosts," March 29, 2017, https://www.tarabrach.com/healing-addiction.

2. Vincent Iannelli, "Normal Heart Rate for Children," Verywell Family, February 3, 2020, https://www.verywellfamily.com/normal-pulse-rates-for-kids-2634038.

3. "Why Stress Causes People to Overeat," Harvard Mental Health Letter, updated October 13, 2020, https://www.health.harvard.edu/staying-healthy/why-stress-causes-people-to-overeat.

4. Geneen Roth, *When Food Is Love: Exploring the Relationship Between Eating and Intimacy* (New York: Penguin, 1992), 19.

5. Lydia Denworth, "The Loneliness of the 'Social Distancer' Triggers Brain Cravings Akin to Hunger," *Scientific American,* April 2, 2020, https://www.scientificamerican.com/article/the-loneliness-of-the-social-distancer-triggers-brain-cravings-akin-to-hunger.

6. Staci Sprout, e-mail to author, February 19, 2020.

7. Roxane Gay, *Hunger: A Memoir of (My) Body* (New York: Harper, 2018), 166.

8. Ibid., 231.

9. Alexandra Katehakis, *Sexual Addiction as Affect Dysregulation: A Neurobiologically Informed Holistic Treatment* (New York: W. W. Norton, 2016), 57.

10. Roth, *When Food Is Love*, 78.

11. Komisar, *Being There*, 93.

12. Charlotte Davis Kasl, *Women, Sex, and Addiction: A Search for Love and Power* (New York: HarperCollins, 1990), 127.

13. Ibid., 281.

14. Staci Sprout, e-mail to author, February 19, 2020.

第 5 章

1. David Foster Wallace, "This Is Water," commencement speech at Kenyon College, Gambier, Ohio, May 21, 2005; available at https://fs.blog/2012/04/david-foster-wallace-this-is-water.

2. Anjali Dayal, "We Must Reckon with the Terrible Realities Hidden in Plain Sight," *On Being* blog, April 2, 2018, https://onbeing.org/blog/anjali-dayal-we-must-reckon-with-the-terrible-realities-hidden-in-plain-sight.

3. Evelyn Reed, *Woman's Evolution: From Matriarchal Clan to Patriarchal Family* (New York: Pathfinder Press, 1975), 293.

4. Oscar Serrallach, "Healing the Mother Wound," Goop, accessed December 28, 2020, https://goop.com/wellness/relationships/healing-the-mother-wound.

5. Laura Mulvey, "Visual Pleasure and Narrative Cinema," *Screen* 16, no. 3 (Fall 1975): 6–18.

6. Renee Engeln, *Beauty Sick: How the Cultural Obsession with Appearance Hurts Girls and Women* (New York: Harper Collins, 2017), 45.

7. See Jackson Katz, "Violence Against Women—It's a Men's Issue" (lecture), TEDxFiDiWomen, San Francisco, December 5, 2013; available at https://www.ted.com/talks/jackson_katz_violence_against_women_it_s_a_men_s_issue.

8. Emilie Buchwald, Pamela Fletcher, and Martha Roth, eds., *Transforming a Rape Culture*, rev. ed. (Minneapolis: Milkweed Press, 2005), xi.

9. Katherine Sellgren, "Pornography 'Desensitising Young People,'" BBC News, June 15, 2016, https://www.bbc.com/news/education-36527681.

10. Gail Dines, "The Porn Crisis," accessed November 15, 2020, https://www.gaildines.com/the-porn-crisis.

11. Judith Leavitt, *The Sexual Alarm System: Women's Unwanted Response to Sexual Intimacy and How to Overcome It* (New York: Jason Aronson, 2012), 38.

12. Ibid., 10.

13. See Shelley E. Taylor, "Tend and Befriend Theory," in *Handbook of Theories of Social Psychology,* vol. 1, ed. Paul A. M. Van Lange, Arie W. Kruglanksi, and E. Tori Higgins (Thousand Oaks, CA: Sage, 2012), 32–49.

14. Stanley Schachter, *The Psychology of Affiliation: Experimental Studies of the Sources of Gregariousness* (Redwood City, CA: Stanford University Press, 1959), 71.

15. Shelley E. Taylor et al., "Biobehavioral Responses to Stress in Females: Tend-and-Befriend, Not Fight-or-Flight," *Psychological Review* 107, no. 3 (July 2000): 411–429.

16. Marissa Korbel, "Sometimes You Make Your Rapist Breakfast: Inside the Controversial—and Often Confusing—'Tending Instinct' of Women," *Harper's Bazaar,* April 25, 2018, https://www.harpersbazaar.com/culture/features/a19158567/what-is-rape.

第6章

1. Rachel Yehuda, Sarah L. Halligan, and Robert Grossman, "Childhood Trauma and Risk for PTSD: Relationship to Intergenerational Effects of Trauma, Parental PTSD, and Cortisol Excretion," *Development and Psychopathology* 13, no. 3 (September 2001): 733–753.

2. Meaney, "Maternal Care, Gene Expression, and the Transmission of Individual Differences in Stress Reactivity Across Generations."

3. Heather Schwedel, "*Dirty John* Sneakily Made Its Delicious Mean-Girl Daughters the Real Heroes," *Slate*, January 14, 2019, https://slate.com/culture/2019/01/dirty-john-season-1-finale-review-sisters-daughters.html.

4. Stephanie Nolasco, "'Dirty John' Victim Recalls Daughter Screaming She Had Killed Con Man," *New York Post*, January 11, 2019, https://nypost.com/2019/01/11/dirty-john-victim-recalls-daughter-screaming-she-had-killed-con-man.

5. Stephen W. Porges, *The Polyvagal Theory: Neurophysiological Foundations of Emotions, Attachment, Communication, and Self-Regulation*, Norton Series on Interpersonal Neurobiology (New York: W. W. Norton, 2011).

6. Sarah Peyton, *Your Resonant Self: Guided Meditations and Exercises to Engage Your Brain's Capacity for Healing* (New York: W. W. Norton, 2017), 153.

7. Sara F. Waters, Tessa V. West, and Wendy Berry Mendes, "Stress Contagion: Physiological Covariation Between Mothers and Infants," *Psychological Science* 25, no. 4 (April 2014): 934–942.

8. Gabor Maté, "Love Is Not Enough," produced by KidCare Canada, YouTube video, 4:10, June 1, 2013, https://www.youtube.com/watch?v=Xy57UpKRNEo.

9. "Not All Attention Problems are ADHD," Child Mind Institute, accessed December 3, 2020, https://childmind.org/article/not-all-attention-problems-are-adhd.

10. Centers for Disease Control and Prevention, "About the CDC-Kaiser ACE Study," accessed June 10, 2020, cdc.gov/violenceprevention/acestudy/about.html; Vincent J. Felitti et al., "Relationship of Childhood Abuse and Household Dysfunction to Many of the Leading Causes of Death in Adults: The Adverse Childhood Experiences (ACE) Study," *American Journal of Preventive Medicine* 14, no. 4 (May 1998): 245–258.

11. Simon Partridge, "The Origins of the Adverse Childhood Experiences Movement and Child Sexual Abuse: A Brief History," *Attachment* 13, no. 1 (June 2019): 113–116.

12. Annabelle Timsit, "California's New Surgeon General Changed the Way We Understand Childhood Trauma," Quartz, January 24, 2019, https://qz.com/1530399/nadine-burke-harris-californias-first-surgeon-general-changed-the-way-we-understand-childhood-trauma.

13. Nadine Burke Harris, "How Childhood Trauma Affects Health across a Lifetime," TEDMED, San Francisco, September 2014, https://www.ted.com/talks/nadine_burke_harris_how_childhood_trauma_affects_health_across_a_lifetime.

14. Komisar, *Being There*, 89.

15. Megan R. Gunnar et al., "The Rise in Cortisol in Family Daycare: Associations with Aspects of Care Quality, Child Behavior, and Child Sex," *Child Development* 81, no. 3 (May/June 2010): 851–869.

16. Carolina de Weerth, Jan K. Buitelaar, and Roseriet Beijers, "Infant Cortisol and Behavioral Habituation to Weekly Maternal Separations: Links with Maternal Prenatal cortisol and Psychosocial Stress," *Psychoneuroendocrinology* 38, no. 12 (December 2013): 2863–2874.

17. Komisar, *Being There*, 138.

18. Ibid., 41.

19. Gordon Neufeld, "Preparing for Motherhood: You're More Equipped Than You Think," Tenth Annual Vancouver Neufeld Conference, April 2018, YouTube video, 1:09:23, https://www.youtube.com/watch?v=hz9VWWg1bWY.

20. Komisar, *Being There*, 82.

21. Ibid., 198.

22. Lisa Damour, *Under Pressure: Confronting the Epidemic of Stress and Anxiety in Girls* (New York: Ballantine Books, 2020), xvii.

23. "From Aromatherapy to Anger Management: How Schools are Addressing the 'Crisis' of Childhood Trauma," Child Mind Institute, May 20, 2019, https://childmind.org/news/from-aromatherapy-to-anger-management-how-schools-are-addressing-the-crisis-of-childhood-trauma.

24. Robert M. Post, "Kindling and Sensitization as Models for Affective Episode Recurrence, Cyclicity, and Tolerance Phenomena," *Neuroscience & Biobehavioral Reviews* 31, no. 6 (April 2007): 858–873.

25. Peggy Orenstein, "What Young Women Believe About Their Own Sexual Pleasure," TED talk, October 2016, San Francisco, YouTube video, 17:04, https://www.youtube.com/watch?v=a-BrIRTWnFQ.

26. Peggy Orenstein, "'Girls and Sex' and the Importance of Talking to Young Women About Pleasure," interview by Terry Gross, *Fresh Air*, March 29, 2016, https://www.npr.org/sections/health-shots/2016/03/29/472211301/girls-sex-and-the-importance-of-talking-to-young-women-about-pleasure.

27. Ariel Levy, *Female Chauvinist Pigs: Women and the Rise of Raunch Culture* (New York: Free Press, 2005), 162.

28. Sloane Ryan and Roo Powell, "I'm a 37-Year-Old Mom & I Spent Seven Days Online as an 11-Year-Old Girl. Here's What I Learned," Medium, December 13, 2019, https://medium.com/@sloane_ryan/im-a-37-year-old-mom-i-spent-seven-days-online-as-an-11-year-old-girl-here-s-what-i-learned-9825e81c8e7d.

29. "Social Media Dangers Exposed by Mom Posing as 11-Year-Old," produced by Bark, February 20, 2020, YouTube video, 9:31, https://www.youtube.com/watch?v=dbg4hNHsc_8.

30. Gabor Maté, *In the Realm of Hungry Ghosts: Close Encounters with Addiction* (Berkeley, CA: North Atlantic Books, 2010), 272.

31. Sally Schofield, "The Ins and Outs of Alternate Nostril Breathing," YogaLondon blog, December 18, 2018, https://yogalondon.net/monkey/the-ins-and-outs-of-alternate-nostril-breathing.

第 7 章

1. Adrienne Brodeur, *Wild Game: My Mother, Her Secret, And Me* (New York: Houghton Mifflin Harcourt, 2019), 14.

2. Ibid., 98.

3. Ibid., 14.

4. Ibid., 98.

5. Teresa D'Astice and William P. Russell, "Enmeshment in Couples and Families," in *Encyclopedia of Couple and Family Therapy*, ed. Jay L. Lebow, Anthony L. Chambers, and Douglas C. Breunlin (New York: Springer International Publishing, 2019), https://doi.org/10.1007/978-3-319-49425-8_1021.

6. Kenneth Adams, *Silently Seduced: When Parents Make Their Children Partners* (Deerfield Beach, FL: Health Communications, Inc., 2011).

7. Patricia A. DeYoung, *Understanding and Treating Chronic Shame: A Relational/Neurobiological Approach* (New York: Routledge, 2015), 95.

8. Brodeur, *Wild Game*, 50.

9. Ibid., 50.

10. Ibid., 97.

11. Korbel, "Sometimes You Make Your Rapist Breakfast."

12. Karin Grossmann et al., "The Uniqueness of the Child–Father Attachment Relationship: Fathers' Sensitive and Challenging Play as a Pivotal Variable in a 16-Year Longitudinal Study," *Social Development* 11, no. 3 (July 2002): 301–337.

13. Lauren Vinopal, "How Fathers of Daughters Can Help Women Make More Money," Ladders, July 22, 2019, https://www.theladders.com/career-advice/how-fathers-of-daughters-can-help-women-make-more-money.

14. Wendy B. Rosen, "On the Integration of Sexuality: Lesbians and Their Mothers," in *Women's Growth in Diversity: More Writings from the Stone Center*, ed. Judith V. Jordan (New York: Guilford Press, 1997), 239–259.

15. Christiane Northrup, *Women's Bodies, Women's Wisdom: Creating Physical and Emotional Health and Healing,* 5th ed. (New York: Bantam, 1994), 4.

第 8 章

1. George Jessel, quoted in Dial Torgerson, "Judy Garland Dies in London at 47; Tragedy Haunted Star," *Los Angeles Times*, June 23, 1969, https://www.latimes.com/local/obituaries/archives/la-me-judy-garland-19690623-story.html.

2. Caitlin Johnson, "A Film on the French Judy Garland," *CBS Sunday Morning*, June 7, 2007, https://www.cbsnews.com/news/a-film-on-the-french-judy-garland.

3. Judy Garland, *Today Show*, interview by Barbara Walters, May 1967, YouTube video, 19:01, https://www.youtube.com/watch?v=NHJu jYMvY30.

4. Suyin Haynes, "The True Story Behind the Movie *Judy*," *Time*, September 26, 2019, https://time.com/5684673/judy-garland-movie-true-story.

5. Alison Kerr, "The Lasting Love for Edith Piaf, and Her Last Love," *The Herald*, November 20, 2015, https://www.heraldscotland.com/arts_ents/14094390.the-lasting-love-for-edith-piaf-and-her-last-love.

6. Sara Kettler, "Inside Judy Garland's Troubled Youth," updated October 1, 2020, https://www.biography.com/news/judy-garland-facts-bio.

7. "Edith Piath, French Singer," Encyclopedia Britannica, updated December 20, 2020, https://www.britannica.com/biography/Edith-Piaf.

8. Anne Edwards, *Judy Garland: A Biography* (Lanham, MD: Taylor Trade Publishing), 2013.

9. Kerr, "The Lasting Love for Edith Piaf, and Her Last Love," https://www.heraldscotland.com/arts_ents/14094390.the-lasting-love-for-edith-piaf-and-her-last-love.

10. Edwards, *Judy Garland: A Biography*.

11. Megan Romer, "The Tragic Death of French Cabaret Sweetheart Edith Piaf," liveaboutdotcom, June 7, 2018, https://www.liveabout.com/how-did-edith-piaf-die-3552707.

12. Judith Lewis Herman, "Complex PTSD: A Syndrome in Survivors of Prolonged and Repeated Trauma," *Journal of Traumatic Stress* 5, no. 3 (July 1992): 380.

13. Nicole M. Racine et al., "Systematic Review: Predisposing, Precipitating, Perpetuating, and Present Factors Predicting Anticipatory Distress to Painful Medical Procedures in Children," *Journal of Pediatric Psychology* 41, no. 2 (March 2016): 159–181.

14. Susan M. Jay, Mickey Ozolins, Charles H. Elliott, and Steven Caldwell, "Assessment of Children's Distress During Painful Medical Procedures," *Health Psychology* 2, no. 2 (1983): 133.

15. Jennifer Shu, "The American Academy of Pediatrics on Spanking Children: Don't Do It, Ever," interview by Lulu Garcia Navarro, *Weekend Edition*, November 11, 2018, https://www.wbur.org/npr/666646403/the-american-academy-of-pediatrics-on-spanking-children-dont-do-it-ever.

16. Ibid.

17. Julie Brand, *A Mother's Touch: Surviving Mother–Daughter Sexual Abuse* (Bloomington, IN: Trafford, 2007), 153.

18. This list is adapted from "Dynamics of Abuse," National Coalition Against Domestic Violence, accessed January 5, 2021, https://ncadv.org/dynamics-of-abuse.

19. Center on the Developing Child at Harvard University, "In Brief: The Impact of Early Adversity on Children's Development," accessed September 5, 2020, https://developingchild.harvard.edu/resources/inbrief-the-impact-of-early-adversity-on-childrens-development.

20. "Dynamics of Abuse," National Coalition Against Domestic Violence.

21. Beatrice Beebe and Frank Lachmann, *The Origins of Attachment: Infant Research and Adult Treatment,* Relational Perspectives Book Series (New York: Routledge, 2014).

22. Donald Dutton and Susan L. Painter, "Traumatic Bonding: The Development of Emotional Attachments in Battered Women and Other Relationships of Intermittent Abuse," *Victimology: An International Journal* 6, no. 4 (1981): 139–155.

23. "The Strange Situation–Mary Ainsworth," YouTube video, 3:14, https://www.youtube.com/watch?v=QTsewNrHUHU.

24. Carlo Schuengel et al., "Frightening Maternal Behavior Linking Unresolved Loss and Disorganized Infant Attachment," *Journal of Consulting and Clinical Psychology* 67, no. 1 (March 1999): 54–63, https://doi.org/10.1037/0022-006x.67.1.54.

25. Korbel, "Sometimes You Make Your Rapist Breakfast."

26. Pat Ogden, Kekuni Minton, and Claire Pain, *Trauma and the Body: A Sensorimotor Approach to Psychotherapy*, Norton Series on Interpersonal Neurobiology (New York: W. W. Norton, 2006), 10.

27. Melissa G. Platt and Jennifer J. Freyd, "Betray My Trust, Shame on Me: Shame, Dissociation, Fear, and Betrayal Trauma," *Psychological Trauma: Theory, Research, Practice, and Policy* 7, no. 4 (January 2015): 398–404.

28. Michelle J. Bovin et al., "Tonic Immobility Mediates the Influence of Peritraumatic Fear and Perceived Inescapability on Posttraumatic Stress Symptom Severity Among Sexual Assault Survivors," *Journal of Traumatic Stress: Official Publication of The International Society for Traumatic Stress Studies* 21, no. 4 (August 2008): 402–409.

29. Jennifer Freyd and Pamela Birrell, *Blind to Betrayal: Why We Fool Ourselves We Aren't Being Fooled* (Hoboken, NJ: Wiley & Sons, 2013), 56.

30. Ibid., 95.

31. Van der Kolk, *The Body Keeps the Score*, 133.

32. Stephen W. Porges, "The Polyvagal Theory: New Insights into Adaptive Reactions of the Autonomic Nervous System," *Cleveland Clinic Journal of Medicine* 76, no. 4 (February 2009): S86.

33. Bahar Gholipour, "Strange Case of 'Hyper Empathy' after Brain Surgery," LiveScience, September 11, 2013, https://www.livescience.com/39560-hyper-empathy-case-report.html.

34. Michael Gazzaniga et al., *Cognitive Neuroscience: The Biology of the Mind*, 3rd ed. (New York: W. W. Norton & Company, 2008).

35. DeYoung, *Understanding and Treating Chronic Shame*, 35.

36. See, for example, Ogden, Minton, and Pain, *Trauma and the Body*.

第9章

1. John Bowlby, *A Secure Base: Parent–Child Attachment and Healthy Human Development* (New York: Basic Books, 1990), 140.

2. Peyton, *Your Resonant Self*, 37.

3. Ilanit Hasson-Ohayon et al., "Neuro-cognition and Social Cognition Elements of Social Functioning and Social Quality of Life," *Psychiatry Research* 258 (September 2017): 538–543.

4. Kenneth J. Doka, *Disenfranchised Grief: Recognizing Hidden Sorrow* (Washington, D.C.: Lexington Books, 1989).

5. Elisabeth Kübler-Ross and David Kessler, *On Grief and Grieving: Finding the Meaning of Grief Through the Five Stages of Loss* (New York: Scribner, 2005).

6. Personal communication to the author, January 2019.

7. See Bruce K. Alexander, "Rat Park," accessed January 6, 2021, https://www.brucekalexander.com/articles-speeches/rat-park.

8. Asheville Emporium, "Wonder Woman 78 Years Strong," http://asheville-emporium.com/wonder-woman-78-years-strong.

9. DeYoung, *Understanding and Treating Chronic Shame*, 162.

10. Ibid., 87.

第 10 章

1. Susan Forward, *Mothers Who Can't Love: A Healing Guide for Daughters* (New York: Harper Collins, 2013), 13.
2. Kenneth J. Gruber, Susan H. Cupio, and Christina F. Dobson, "Impact of Doulas on Healthy Birth Outcomes," *Journal of Perinatal Education* 22, no. 1 (Winter 2013): 49–58.
3. "Meet Darcia," Evolved Nest, accessed January 8, 2021, https://evolvednest.org/about.

結語

1. "Governor Newsom Announces $42 Million to Protect Foster Youth and Families Impacted by COVID-19," Office of Governor Gavin Newsom, April 13, 2020, https://www.gov.ca.gov/2020/04/13/governor-newsom-announces-42-million-to-protect-foster-youth-and-families-impacted-by-covid-19.
2. Danielle Roubinov, Nicole R. Bush, and Thomas W. Boyce, "How a Pandemic Could Advance the Science of Early Adversity," *JAMA Pediatrics* 174, no. 12 (July 2020): 1131–1132.
3. "The Medical Value of Hugs," CBS News, August 2, 2020, https://www.cbsnews.com/news/the-medical-value-of-hugs.
4. Jim Alexrod, "The Smile Behind the Mask," CBS News, September 6, 2020, https://www.cbsnews.com/news/the-smile-behind-the-mask.
5. Denworth, "The Loneliness of the 'Social Distancer' Triggers Brain Cravings Akin to Hunger," https://www.scientificamerican.com/article/the-loneliness-of-the-social-distancer-triggers-brain-cravings-akin-to-hunger.
6. Margaret Renkl, *Late Migrations: A Natural History of Love and Loss* (Minneapolis: Milkweed, 2019), 218.

國家圖書館出版品預行編目（CIP）資料

童年母愛缺欠：長大後的妳，如何療癒對愛的匱乏，健全心中缺損的母親角色 / 凱莉．麥克丹尼爾（Kelly McDaniel）著；非語譯. -- 初版. -- 臺北市：橡實文化出版：大雁出版基地發行，2023.08
面：　公分
譯自：Mother hunger : how adult daughters can understand and heal from lost nurturance, protection, and guidance
ISBN 978-626-7313-27-5（平裝）

1.CST: 依附行為　2.CST: 母親　3.CST: 女性心理學

176.85　　112009536

BC1123

童年母愛缺欠：
長大後的妳，如何療癒對愛的匱乏，健全心中缺損的母親角色

Mother Hunger: How Adult Daughters Can Understand and Heal from Lost Nurturance, Protection, and Guidance

---

作　　者　凱莉．麥克丹尼爾（Kelly McDaniel）
譯　　者　非語
責任編輯　田哲榮
協力編輯　朗慧
封面設計　斐類設計
內頁構成　歐陽碧智
校　　對　蔡昊恩

發 行 人　蘇拾平
總 編 輯　于芝峰
副總編輯　田哲榮
業務發行　王綬晨、邱紹溢
行銷企劃　陳詩婷
出　　版　橡實文化 ACORN Publishing
地址：10544 臺北市松山區復興北路 333 號 11 樓之 4
電話：02-2718-2001　傳真：02-2719-1308
網址：www.acornbooks.com.tw
E-mail 信箱：acorn@andbooks.com.tw
發　　行　大雁出版基地
地址：10544 臺北市松山區復興北路 333 號 11 樓之 4
電話：02-2718-2001　傳真：02-2718-1258
讀者傳真服務：02-2718-1258
讀者服務信箱：andbooks@andbooks.com.tw
劃撥帳號：19983379　戶名：大雁文化事業股份有限公司

印　　刷　中原造像股份有限公司
初版一刷　2023 年 8 月
定　　價　450 元
I S B N　978-626-7313-27-5